常備菜クッキングBOOK

忙しい人の
お助けアレンジレシピ！
おかずからお弁当まで

大庭英子★石原洋子★田口成子★夏梅美智子

家の光協会

（常備菜は太字で、アレンジメニューは細字で表記しています）

常備菜クッキングBOOK

目次

肉の常備菜——65

魚介の常備菜

豆・乾物の常備菜―185

この本を使うにあたって

●常備菜の材料表の分量は、特に記していないものについては、作りやすい分量を基準にしています。アレンジメニューは常備菜を応用したレシピです。基本的には２人分で表記していますが、ご飯ものなど料理によっては４人分で表記しています。

●常備菜の保存期間はあくまで目安です。季節や冷蔵庫内の温度などによっても違いが出るので食品の様子を見ながら判断してください。

●計量器具は１カップ＝200㎖、大さじ１＝15㎖、小さじ１＝５㎖のものを使用しています。いずれもすり切りの分量です。

野菜の常備菜

忙しい毎日の食事作りでは、皮むきや下ゆでなど、比較的手間のかかる野菜のおかずは、敬遠されがちといわれます。常備菜として作りおきしておけば、手軽に利用できてバリエーションも広がります。野菜不足解消のためにも、ぜひお役立てください。

指導／大庭英子

かぼちゃの含め煮

作り方

1 かぼちゃは皮のまま洗い、スプーンで種とワタを取る(A)。

2 切り口を下にしてまな板に置き、縦3～4cm幅に切り、さらに3～4cm角になるように切る(B)。

3 鍋にかぼちゃの皮を下にして入れ(C)、水1カップと酒、みりん、砂糖、しょうゆを加えて(D)火にかける。

4 煮立ったら火を弱め、ふたをして15分ほど煮、煮汁につけたまま冷ます。

材料(作りやすい分量)

かぼちゃ…大½個(900g)
酒…大さじ2
みりん…大さじ2
砂糖…大さじ1～2
しょうゆ…大さじ2

保存
煮汁ごと密閉容器に入れ、
冷蔵で3～4日間。
冷凍で2週間。

point A
スプーンでえぐるようにすると手際よく種とワタが取れる。

point B
大きさをそろえることで味の含み、火の通りが均一になる。

point C
かぼちゃはかたい皮を下にして煮ると、煮くずれしにくい。

point D
調味料をすべて加えてから、火にかけて煮立てる。

お弁当のヒント

かぼちゃの茶巾絞り

やわらかく煮たかぼちゃは、お弁当箱の中でくずれやすいもの。茶巾に絞れば見た目も愛らしく、食べやすい。かぼちゃの含め煮1切れをラップで包み、口を絞り、輪ゴムやビニールワイヤーでしばる。そのままお弁当箱に入れ、食べるときにラップを取り除く。

子どもからお年寄りまで、
だれもが大好きなかぼちゃの含め煮。
薄味に仕立てておくと、
食卓の脇役として大活躍。
ひと工夫すると、
意外な大変身をとげます。

アレンジメニュー かぼちゃの含め煮

かぼちゃのスープ

しょうゆ味の煮物も、薄味だからクリーミースープに

材料（2人分）

かぼちゃの含め煮…300g
牛乳…1カップ
こしょう…少々

作り方

1 かぼちゃの含め煮は鍋に入れ、泡立て器でかぼちゃをつぶしてなめらかなペースト状にし、飾り用に少量取り分ける。鍋に牛乳を少しずつ加えてよく混ぜて溶きのばす。

2 **1** の鍋を火にかけ、煮立ったらこしょうをふって火を止める。

3 器に盛り、飾り用のかぼちゃを添え、あればイタリアンパセリをあしらう。

かぼちゃの天ぷら

かぼちゃに火が通っているので手早く揚がる

材料（2人分）

かぼちゃの含め煮…6切れ
さやいんげん…6本
ⓐ ┌溶き卵½個分と冷水（合わせて）…½カップ
　 └小麦粉…½カップ
塩・小麦粉…各少々
揚げ油…適宜

作り方

1 かぼちゃの含め煮は汁けをふく。さやいんげんはへたを切る。

2 ボウルに卵と冷水を入れて合わせ、ⓐの小麦粉を加え、さっくり混ぜて衣を作る。

3 揚げ油を中温に熱し、さやいんげんに衣をつけて3本ずつひとまとめにして入れ、返しながらカラッと揚げ、油をきって塩をふる。

4 かぼちゃは小麦粉を薄くまぶし、衣をつけて揚げ油に入れ、返しながらカラッと揚げて油をきる。器に **3** と **4** を盛り合わせる。

かぼちゃときゅうりのサラダ

かぼちゃの素朴な甘さがマヨネーズとぴったり

材料（2人分）

かぼちゃの含め煮…300g
きゅうり…1本
塩…少々
マヨネーズ…大さじ2
レタス…2枚

作り方

1 かぼちゃの含め煮はボウルに入れてフォークでなめらかにつぶす。
2 きゅうりは薄い輪切りにし、塩をふってざっと混ぜ、しばらくおいてしんなりしたら水洗いし、水けを絞る。**1**にきゅうりを加えてマヨネーズであえる。
3 器にレタスを敷いて**2**を盛る。

かぼちゃのグラタン

かぼちゃにツナ缶とチーズをプラス

材料（2人分）

かぼちゃの含め煮…300g
ツナの缶詰（油漬け）…小1缶
ミニトマト…4個
牛乳…½カップ
ピザ用チーズ…60g

作り方

1 かぼちゃの含め煮は1切れを2つに切る。
2 ツナは油をきってほぐす。ミニトマトはへたを取り、縦4等分に切る。
3 耐熱の器にかぼちゃを並べて牛乳を注ぎ、ラップをかけて電子レンジで3分ほど温める。ラップをはずしてツナとトマトを散らし、チーズをふる。
4 230℃に熱したオーブンに**3**を入れて8～10分、チーズが溶けて焦げ目がつくまで焼く。

なすの揚げ煮

材料（作りやすい分量）
なす…20個
赤とうがらし…2本
だし汁…2カップ
みりん…1/3カップ
しょうゆ…1/3カップ
揚げ油…適宜

保存
煮汁ごと密閉容器に入れ、冷蔵で3日間。

作り方

1 なすはへたを切り、上下を切り離さないように、厚みの中央に縦に4～5本、包丁の先で浅く切り込みを入れる（A）。赤とうがらしはへたを切り、種を取る。

2 鉄鍋にだし汁、みりん、しょうゆ、赤とうがらしを合わせておく。

3 揚げ油を中温に熱し、なすを入れて静かに上下を返しながら2分ほど揚げる（B）。揚がったものから**2**に入れる（C）。

4 **3**の鍋を中火にかけ、煮立ったら火を弱めてふたをし、8～10分ほど煮る（D）。煮汁につけたまま冷ます。

point A
切り目を入れておくと火の通りがよく、味も含みやすい。

point B
揚げかげんはなすが少ししんなりし、切り目が開いてくるぐらい。

point C
揚がったものから、煮汁を合わせておいた鉄鍋に手早く入れていく。

point D
鉄鍋の鉄分がなすの色を鮮やかにし、色もちもよくなる。

盛りつけ

食べやすく切ってオクラを添えて

なすの揚げ煮は長さを半分に切り、器に盛って煮汁少々をかけ、色よくゆでたオクラを1cm幅に切って散らす。オクラの緑が加わると、なすの紫がより鮮やかに映える。

なすを一度揚げてから鉄鍋で煮ると、
色があせず、つやよく仕上がります。
あつあつはもちろん、冷めてもおいしく、
使い回しがきくうれしい一品です。

なすのとろろかけ

冷たいなすの揚げ煮にとろろをかけるだけ

材料(2人分)

なすの揚げ煮…3～4個
山の芋…80g
おろしわさび…適宜

作り方

1 なすの揚げ煮は1個を2～3等分の輪切りにする。
2 山の芋は皮をむいてすりおろす。
3 器になすの揚げ煮を盛り、2をかけてわさびを添える。

なすの揚げ煮そうめん

なすの煮汁をめんつゆ代わりにして、簡単ごちそうめん

材料(2人分)

なすの揚げ煮…3～4個
そうめん…150g
豚ロース肉(しゃぶしゃぶ用)…40g
みょうが…2個
しょうが(すりおろし)…適宜
細ねぎ(小口切り)…適宜
なすの揚げ煮の煮汁…適宜

作り方

1 なすの揚げ煮は箸で食べやすく縦に裂く。
2 豚肉は沸騰した湯に1枚ずつ広げて入れてさっとゆで、色が変わったらざるに上げて水けをきり、冷めてから2cm幅に切る。
3 みょうがは縦2つに切り、横に薄切りに。
4 そうめんはたっぷりの熱湯にさばき入れてさっとゆでる。ざるに上げてゆで汁をきり、冷水にとって洗うようにして手早く冷まし、水けをきる。
5 器に4を盛り、なすの揚げ煮と2をのせ、みょうが、しょうが、細ねぎを散らし、なすの揚げ煮の煮汁をかける。

なすの卵とじ

ねぎと卵をプラスしたやさしい味わい

材料（2人分）

なすの揚げ煮…3～4個
長ねぎ…½本
なすの揚げ煮の煮汁…適宜
卵…2個

作り方

1 なすの揚げ煮は長さを半分に切り、箸で食べやすい大きさに裂く。長ねぎは5㎜幅の斜め切りにする。

2 鍋になすの揚げ煮の煮汁と**1**を入れて火にかけて煮立て、ねぎがしんなりするまで煮る。

3 ボウルに卵を割りほぐし、**2**の煮立っているところに回し入れ、ふたをして弱火で2分ほど半熟状になるまで煮る。

アレンジメニュー

なすの揚げ煮

なすの冷ややっこ

なすの揚げ煮は、冷ややっこのバリエーションにも重宝

材料（2人分）

なすの揚げ煮…3個
木綿豆腐…½丁
青じその葉…6枚
しょうが（すりおろし）…少々

作り方

1 なすの揚げ煮は粗いみじん切りにする。

2 豆腐は縦半分に切り、横に3等分する。

3 器に青じその葉を敷いて**2**を盛り、**1**をのせてしょうがをあしらう。

ラタトゥイユ

point A

野菜は熱が均一に通るようにできるだけ同じ大きさと形に切りそろえる。

point B

玉ねぎの甘みとうまみを引き出すために、弱めの中火でじっくりと炒める。

point C

鍋いっぱいの野菜でも、煮あがるとかなりかさが減るのでだいじょうぶ。

point D

トマトを最後に加えて形を残す程度に煮て、トマト特有のほのかな酸味を生かす。

作り方

1 なす、ズッキーニはへたを切り、縦4等分に切ってから、2cm角に切る。パプリカ、ピーマンは縦2つに切り、へたと種を取って2cm角に切る。セロリは1.5cm角に切る(A)。

2 トマトはへたをくりぬいて熱湯にサッと通し、冷水にとって冷まし、皮をむく(湯むき)。横2つに切って種を取り、1cm角に切る。

3 鍋にオリーブ油を熱して玉ねぎとにんにくを入れ、しんなりして少し色づくまで炒める(B)。**1**を加えてよく炒め合わせ(C)、全体に油がなじんだら、パセリを加えて塩、こしょうし、ふたをして弱火で15分ほど煮込む。途中、ときどき上下を混ぜて均一に火を通す。

4 **3**にトマトを加えて混ぜ(D)、さらに5分ほど煮る。

材料(作りやすい分量)

なす…6個
ズッキーニ…1本
パプリカ(黄)…大1個
パプリカ(赤)…2個
ピーマン…4個
セロリ…2本
トマト(完熟)…3個
玉ねぎ(みじん切り)…1個
にんにく(みじん切り)…大1かけ
オリーブ油…½カップ
パセリ(みじん切り)…大さじ3
塩…小さじ2
こしょう…少々

保存
冷めたら
密閉容器に入れ、
冷蔵で3〜4日間。

盛りつけ

ガーリックトーストといっしょに

ラタトゥイユを冷やして器に盛り、ガーリックトーストを添える。ガーリックトーストは、薄切りのフランスパンを軽くトーストし、にんにくの切り口で表面をこすってオリーブ油をぬり、再びトースターで香りよく焼く。

カラフルな夏野菜を
オリーブ油で炒め、
野菜の水分と塩だけで煮込みます。
味の決め手、オリーブ油が
野菜のうまみを引き立てます。
トマトは最後に加えて
自然な酸味を生かします。

夏野菜のカレー煮

ひき肉を加えたカレー味で、パンにもご飯にもぴったり

材料(2人分)

ラタトゥイユ…300g
合いびき肉…100g
サラダ油…小さじ1
カレー粉…大さじ1
塩…少々

作り方

1 フライパンにサラダ油を熱し、ひき肉を入れてほぐしながら炒める。肉の色が変わってパラパラになったら、カレー粉、塩をふってさらによく炒める。

2 **1**にラタトゥイユを加え、全体によくなじむまで炒め合わせる。

豆腐ステーキの野菜ソース

ラタトゥイユをソースにすれば、栄養バランスもOK

材料(2人分)

ラタトゥイユ…300g
木綿豆腐…1丁
サラダ油…小さじ1
塩・こしょう…各少々

作り方

1 豆腐はバットに入れ、豆腐の上にもう1枚バットをのせ、軽く重石になるもの(水を入れたコップなど)をバットにのせ、20分ほどおいてしっかり水けをきる。

2 豆腐を横半分に切り、それぞれ厚みを2枚に切る。

3 フライパンにサラダ油を熱して豆腐を入れ、中火で両面を色よく焼き、軽く塩、こしょうして器に盛る。

4 **3**のフライパンにラタトゥイユを入れて温め、豆腐にかける。

アレンジメニュー

ラタトゥイユ

野菜と卵のオーブン焼き

野菜たっぷりのラタトゥイユに卵を加えてボリュームアップ

材料（2人分）

ラタトゥイユ…300g

卵…2個

パルメザンチーズ（粉）…大さじ2

作り方

1 浅めの耐熱の器にラタトゥイユを広げ、ラップをして電子レンジで1分30秒～2分加熱して温める。卵を割り入れ、パルメザンチーズをふる。

2 200℃に熱したオーブンに**1**を入れ、13～15分ほど、卵が半熟状になるまで焼く。

夏野菜の冷製スパゲッティ

ラタトゥイユがあれば本格パスタも手早く簡単

材料（2人分）

ラタトゥイユ…300g

レモン汁…大さじ1

スパゲッティ（カッペリーニ）…120g

塩…適宜

作り方

1 ラタトゥイユはよく冷やし、レモン汁を混ぜ合わせる。

2 スパゲッティは、たっぷりの熱湯に塩を入れて表示時間に従ってゆで、ざるに上げ、冷水にとって手早く冷まし、再びざるにとって水けをよくきる。

3 器にスパゲッティを盛り、**1**をかけてあればバジルを飾る。

＊極細のスパゲッティ、カッペリーニを冷製スパゲッティにするときは、冷やすとかたくなるので少しやわらかめにゆでる。

ポトフ

作り方

1 牛すね肉は冷蔵庫から出して室温に戻し、全体をたこ糸でしばっておく。

2 ⓐの玉ねぎは縦2つに切ってしんを取る。にんじんは皮をむいて長さを半分に切る。

3 大鍋に水8～10カップとすね肉を入れて強火にかけ、煮立ったら火を弱めてアクを取る。**2**の野菜、セロリの葉、ローリエを加えてⓑを入れ、ふたをして60～90分ほど弱火で煮込む。

4 玉ねぎはしんをつけたまま丸ごと使う。セロリの軸は筋を取って長さを半分に切る。かぶは茎を3㎝ほど残して葉を切り落とし、皮をむいて縦2つに切り、水にさらして茎の中の泥を洗い流す。

5 **3**の鍋からにんじんを取り出して縦2～4等分に切る。残りの野菜とローリエは取り除く。

6 **5**の鍋に**4**の玉ねぎ、セロリ、かぶの順に加えて中火で煮る。煮立ったら火を弱めてふたをして、野菜がやわらかくなるまで煮る。先に取り出したにんじんを鍋に戻し、ひと煮して塩、こしょうする。

牛すね肉からとった
極上のスープで、
野菜をじっくり煮ます。
味つけは、野菜のおいしさを生かすシンプルな塩味。
じゃがいも、キャベツ、大根などもよく合います。

材料（作りやすい分量）

牛すね塊肉…400g

ⓐ
- 玉ねぎ…1個
- にんじん…1本
- セロリの葉…1本分

ローリエ…1枚

ⓑ
- 塩…小さじ1
- 白粒こしょう…4～5粒

玉ねぎ…小2個

セロリの軸…2本

かぶ…2個

塩・こしょう…各少々

保存

煮汁ごと冷まして密閉容器に入れ、
冷蔵で6日間。
煮汁を使いきったら、
肉はラップに包んで
密閉容器に入れ、冷蔵で6日間。
冷凍は、
煮汁と肉を分け、2週間。

盛りつけ

肉と野菜を食べやすく切り分けて

ポトフの牛肉は取り出してたこ糸をはずし、食べやすく繊維を切るようにして切り分ける。野菜は、大きいものは2～3つに切り、肉とともに器に盛り合わせてたっぷりスープをかけ、粒マスタードを添える。

アレンジメニュー

スープご飯

ご飯はサラッと煮あげるのがポイント

材料（2人分）

ポトフの具…適宜

トマト…小1個

ポトフのスープ…2½カップ

温かいご飯…150g

塩・こしょう…各少々

パセリ（みじん切り）…少々

作り方

1 ポトフの具はすべて1cm角ぐらいに切る。

2 トマトはへたを切って1cm角に切る。

3 鍋にポトフのスープと水2カップを入れて強火にかけ、煮立ったらご飯と**1**を加えて煮る。再び煮立ったら火を弱めて3～4分煮て、塩、こしょうで味をととのえ、トマトとパセリを加えてひと煮する。

point A
こんにゃくはスプーンでちぎると切り口の面が多くなり、味を含みやすくなる。

point B
材料はできるだけ同じ大きさに切りそろえて、均一に火が通るようにする。

point C
味の含みにくいこんにゃくを先に炒めてから、残りの野菜を加える。

point D
調味料は合わせておいて一度に回し入れると、味むらがなく仕上がる。

筑前煮

作り方

1 干ししいたけは水にひたし、1～2時間おいてやわらかくもどす。軽く水けを絞って軸を切る。もどし汁はだし汁と合わせておく。鶏肉は3～4cm角に切る。

2 こんにゃくはスプーンで一口大にちぎり(A)、塩でもんで水洗いし、水から下ゆでしてざるに上げ、水けをきる。

3 にんじんは皮をむいて一口大の乱切りにする。たけのこは縦4等分にして一口大の乱切りにする。ごぼうは包丁で皮をこそげ、れんこんは皮をむいて、それぞれ一口大の乱切りにし(B)、別々に水にさらし、ざるにとって水けをふく。

4 鍋にサラダ油を熱して鶏肉を炒め、肉の色が変わったらしょうが、こんにゃくを加えてひと炒めし、しいたけと3の材料も加えてよく炒め合わせ(C)、酒をふり入れる。

5 全体に酒がなじんだら、もどし汁と合わせただし汁を加えて強火で煮る。煮立ったらⓐで調味して(D)火を弱め、途中で上下を返しながら、15～20分ほど煮る。

材料(作りやすい分量)

鶏もも肉…2枚
干ししいたけ…小8枚
こんにゃく…1枚
塩…少々
にんじん…1本
ゆでたけのこ…200g
ごぼう…200g
れんこん…200g
サラダ油…大さじ1
しょうが(せん切り)…小1かけ
酒…大さじ3
だし汁としいたけのもどし汁(合わせて)…1カップ
ⓐ みりん…大さじ3
ⓐ 砂糖…大さじ2
ⓐ しょうゆ…大さじ5～6
絹さや…6枚

保存
冷めたら
密閉容器に入れ、冷蔵で3日間。

盛りつけ

絹さやを添えて彩りよく

絹さやは筋を取って塩を少々加えた熱湯で色よくゆで、冷水にとって冷ます。水けをふいて斜め2つに切り、器に盛った筑前煮に散らす。

お正月やお盆など、
大勢の集まりには
必ずといっていいほど
登場する、
常備菜の代表格。
日もちのよさはもちろん、
根菜類をたっぷり
食べられるのも
魅力のひとつ。

大根とぶりの韓国風煮物

材料（作りやすい分量）

大根…1本（約1kg）
ぶり…3切れ
ⓐ
- 酒…大さじ3
- 砂糖…大さじ1
- しょうゆ…大さじ2
- にんにく（みじん切り）…小さじ1
- しょうが（みじん切り）…小さじ1

コチュジャン…大さじ1
ⓑ
- しょうゆ…大さじ3
- 長ねぎ（みじん切り）…大さじ3

ごま油…大さじ1
いり白ごま…大さじ1

保存
冷めたら密閉容器に入れ、冷蔵で3日間。

point A
煮立った煮汁にぶりを入れると、うまみが逃げず、生臭みが出ない。

point B
ぶりは長く煮るとパサパサになるので、大根を煮る前に取り出しておく。

point C
ぶりの煮汁に水を足して、たっぷりの煮汁で大根をやわらかく煮る。

point D
ピリ辛で甘みもあるコチュジャンが大根の甘みを引き立てる。

point E
大根が十分にやわらかくなってからぶりを戻し入れ、味をからめる。

作り方

1 大根は皮をむいて4cm厚さの輪切りにし、さらに1つを4～6等分に切る。ぶりは1切れを3～4等分に切る。

2 鍋に水1/3カップとⓐを入れて強火にかけ、煮立ったらぶりを加えて（A）火を弱めて8分ほど煮る。

3 2の鍋からぶりを取り出し（B）、1を加えて水1～1 1/2カップを注ぎ（C）、中火で煮る。煮立ったらコチュジャンを入れて（D）煮汁になじませ、ⓑを加えて混ぜ合わせる。落としぶたをして弱火にし、大根が完全にやわらかくなるまで煮る。

4 ぶりを戻し入れ（E）、ごま油を全体にふってさらにひと煮し、仕上げにごまをふる。

盛りつけ

大根の葉をむだなく使って

大根とぶりの韓国風煮物を温め直すときに、大根の葉を加えてひと煮して器に盛る。大根の葉は3cm長さに切って塩少々を加えた熱湯でゆでて、水けをきってから加える。

おなじみのぶり大根を、
韓国風の煮物に。
コチュジャンの
コクのある辛みと、
ごま油の香りが相まって
一味違った大根の甘さが
楽しめます。

れんこんと豚ひき肉のみそ煮

毎日食卓にのせてもあきない味。れんこんのシャキシャキの食感と、コクのあるみそ味が食欲をそそります。

材料(作りやすい分量)

れんこん…400g
豚ひき肉…100g
サラダ油…大さじ½
酒…大さじ3
ⓐ
- 砂糖…大さじ2
- みそ…大さじ3
- しょうゆ…大さじ½
- おろししょうが…小さじ1
- 赤とうがらし…1本

保存
冷めたら密閉容器に入れ、冷蔵で3～4日間。冷凍で2週間。

作り方

1 れんこんは皮をむいて縦4等分し、さらに1cm幅の斜め切りにして水にさらし、ざるに上げて水けをふく。

2 鍋にサラダ油を熱して豚ひき肉を炒め(A)、肉の色が変わったら、れんこんを加えて炒め合わせる。

3 れんこんに油がなじんだら酒をふり入れ、水1カップとⓐを加えて混ぜ合わせ(B)、ふたをして汁けがなくなるまで10分ほど煮る。途中、木べらで鍋底から大きくかき混ぜて、水分を飛ばすようにする。

point A
豚ひき肉はパラパラになるまでよく炒め、十分に火を通す。

point B
みその塩分によって、砂糖としょうゆの量は加減する。

たけのこのそぼろ煮

たけのこの独特の歯ごたえと味が、
鶏そぼろとマッチして、
さっぱりとした煮物です。

材料(作りやすい分量)

ゆでたけのこ(穂先)…400g
鶏ひき肉…100g
ⓐ
- 酒…大さじ3
- みりん…大さじ2
- 砂糖…大さじ1
- 薄口しょうゆ…大さじ3

保存
冷めたら
密閉容器に入れ、冷蔵で3日間。
冷凍で2週間。

作り方

1 たけのこは縦2つに切り、さらに縦4等分に切る。

2 鍋に鶏ひき肉を入れ、水1½カップを加えて中火にかけ、木べらでひき肉をほぐすようにして混ぜる。色が変わってパラパラになったら、火を弱めてアクを取り(A)、ⓐを加え、中火で煮る。

3 再び煮立ったら1を加えて(B)ざっと混ぜ、ふたをして15分ほど中火で煮る。

point A
鶏ひき肉から出るアクは、ていねいに取っておくとすっきりした味に仕上がる。

point B
調味して再び煮立ったらたけのこを加え、ふたをして煮含める。

きんぴら2種

［ごぼう・にんじん］

材料（作りやすい分量）

——ごぼうのきんぴら

ごぼう…400g
赤とうがらし…1本
サラダ油…大さじ2
ⓐ
だし汁…大さじ4
みりん…大さじ2
砂糖…大さじ1
しょうゆ…大さじ3～4

——にんじんのきんぴら

にんじん…大2本（400g）
サラダ油…大さじ2
ⓑ
だし汁…大さじ2
みりん…大さじ2
薄口しょうゆ…大さじ2½
いり黒ごま…大さじ1

保存
冷めたら密閉容器に入れ、
冷蔵で3日間。
冷凍で2週間。

作り方

——ごぼうのきんぴら

1 ごぼうは皮をこそげて4～5cm長さに切り、縦薄切りにしてせん切りにする。水にさらしてアク抜きし、ざるに上げて水けをよくきる。

2 赤とうがらしはへたを切り、種を取って5mm幅の輪切りにする。

3 フライパンにサラダ油を熱してごぼうを入れて炒め、全体に油がなじんだら2を加えてひと炒めする（A）。

4 3にⓐを加え、中火で汁けがなくなるまでいり煮にする。

——にんじんのきんぴら

1 にんじんは皮をむき、ピーラーでリボン状に切る（B）。

2 フライパンにサラダ油を熱し、にんじんを入れて中火で炒める。

3 全体に油が回ったら、ⓑを加えて中火で汁けがなくなるまでいり煮する。最後にごまをふり、ひと混ぜする。

point A
手早くかき混ぜながらごぼうがしんなりするまで炒める。

point B
ピーラーを使うと手早く切れるうえ、幅広の目先の変わったきんぴらになる。

お弁当のヒント

きんぴら入り卵焼き

きんぴらはお弁当にそのまま入れてもよいが、卵焼きにするとボリューム満点のおかずに。卵を割りほぐし、好みのきんぴら適量を入れて混ぜ、だし巻き卵の要領で焼き、食べやすく切ってお弁当箱に詰める。きんぴらは入れすぎると卵焼きがはじけるので注意。

滋味豊かな味わい深い
昔ながらの定番常備菜、ごぼうのきんぴらと、
にんじんの甘さがきわ立つ、にんじんのきんぴらです。

ごぼうのきんぴら

にんじんのきんぴら

きんぴら4種

［大根・れんこん・セロリ・じゃがいも］

point B

れんこんに油をなじませてから調味する。

point A

水分の多い大根は、炒める前に塩をして水けを抜いておく。

材料（作りやすい分量）

――大根のきんぴら

大根…600g
塩…小さじ1
ごま油…大さじ2
糸がつお…5g
ⓐ酒…大さじ2
ⓐみりん…大さじ2
ⓐしょうゆ…大さじ2½

――れんこんのきんぴら

れんこん…400g
酢…少々
赤とうがらし…1本
サラダ油…大さじ2
ⓑ砂糖…大さじ2
ⓑ塩…小さじ½
ⓑ酢…大さじ3

――セロリのきんぴら

セロリ…4本
サラダ油…大さじ2
ⓒ酒…大さじ1
ⓒみりん…大さじ1
ⓒ薄口しょうゆ…大さじ2
ⓒ粗びき黒こしょう…小さじ½

――じゃがいものカレーきんぴら

じゃがいも…3～4個（450g）
サラダ油…大さじ2
カレー粉…大さじ1
ⓓだし汁（または水）…大さじ2
ⓓみりん…大さじ2
ⓓ塩…小さじ½

保存
冷めたら密閉容器に入れ、冷蔵で3日間。

作り方

――大根のきんぴら

1 大根は皮をむき、4～5cm長さに切ってから縦4～5mm厚さの薄切りにし、さらに4～5mm幅のせん切りにする。ボウルに入れて塩をふって混ぜ（A）、しんなりするまで30分ほどおく。水洗いして水けを絞る。

2 フライパンにごま油を熱して大根をやや強火で炒める。全体に油が回ったら中火にし、糸がつおを加えて炒め合わせ、ⓐを加えて汁けがなくなるまで炒める。

――れんこんのきんぴら

1 れんこんは皮をむき、縦2つに切ってから薄い半月切りにし、酢を加えた水にさらし、ざるに上げて水けをふく。

2 赤とうがらしはへたを切り、種を取って5mm幅の輪切りにする。

3 フライパンにサラダ油を熱してれんこんをやや強火で炒める。全体に油が回ったら2を加え、さらに炒めて水大さじ3とⓑを加え（B）、汁けがなくなるまでいり煮する。

――セロリのきんぴら

1 セロリは葉の部分を取り除き、3～5mm幅の斜め切りにする。

2 フライパンにサラダ油を熱し、セロリをやや強火で炒め、ⓒを加えて（C）汁けがなくなるまでいり煮する。

――じゃがいものカレーきんぴら

1 じゃがいもは皮をむいて3mm厚さに切って、さらに3mm幅のせん切りにする。水に5～10分ほどさらし、ざるに上げて水けをふく。

2 フライパンにサラダ油を熱し、じゃがいもをやや強火で炒め、全体に油が回ったら、カレー粉をふって炒め（D）、ⓓを加えて汁けがなくなるまでいり煮する。

point D

カレー粉を加えたら、味にむらが出ないようによく炒める。

point C

セロリと相性のよい粗びき黒こしょうの香りで洋風に。

大根、れんこん、セロリ、じゃがいもと、それぞれ味に個性をもたせたオリジナルきんぴら４種

セロリのきんぴら

大根のきんぴら

じゃがいものカレーきんぴら

れんこんのきんぴら

セロリとりんごの炒めマリネ

point A

火の通りを均一にするために、野菜は同じ大きさ、形に切り揃える。

point B

レーズンは水につけてもどしておくと味がなじみやすく、甘みも出る。

材料(作りやすい分量)

セロリ…3～4本
玉ねぎ…1個
りんご…1個
レーズン…大さじ4
オリーブ油…大さじ4
ローリエ…1枚
白ワイン…½カップ
ⓐ 塩…小さじ1½
ⓐ こしょう…少々
ⓐ 砂糖…大さじ2～3
レモン汁…大さじ3

保存

冷めたら密閉容器に入れて冷蔵で3～4日間。

point C

全体に油が回るまで炒めて、味をしみやすくする。

point D

最後にレモン汁を加えて酸味と香りを生かす。

作り方

1 セロリは葉は除いて筋を取り、1.5cm角に切る。玉ねぎは縦半分に切り、しんを切り取り、1.5cm角に切る。りんごはよく洗い、皮のまま縦4等分に切ってしんを取り、1.5cm角に切る（A）。

2 レーズンは水に5～10分つけてやわらかくもどし（B）、水けを軽く絞る。

3 フライパンにオリーブ油を熱し、セロリと玉ねぎを入れて2～3分中火で炒め、少ししんなりとしたら、りんごとローリエを加えて炒め合わせる（C）。

4 全体に油がなじんだら、レーズンと白ワインを加えて強火で煮立て、ⓐで調味して火を弱め、10分ほど煮る。最後にレモン汁を加えてひと煮する（D）。

お弁当のヒント

小さなケースに詰めて

レタスを敷いた小さなケースにセロリとりんごの炒めマリネを詰めて、汁が出るのを防いでお弁当箱に入れると、サラダ代わりの1品に。パンのお弁当にぴったり。

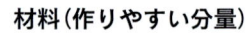

セロリにりんごとレーズンの甘みと
レモンのさわやかな酸味をプラスしました。
そのままパンのおかずやサラダに、
肉や魚のソース代わりにと、アレンジも多彩。

焼きパプリカのマリネ

網焼きして皮を取ったパプリカは
口当たりもよく、
ほのかな甘みが出て
おいしさも格別。

材料(作りやすい分量)

パプリカ(赤・黄・橙)…各2個
ピーマン…2個
にんにく(薄切り)…小2かけ
ⓐ
- 酢(またはワインビネガー)…⅓カップ
- オリーブ油…⅔カップ
- 塩…小さじ1
- こしょう…少々

保存
汁ごと密閉容器に入れ、冷蔵で3日間。

作り方

1 コンロに焼き網をのせ、パプリカ、ピーマンを2～3個ずつのせて、強火で全体が真っ黒になるまで焼く(A)。
2 1を冷水にとって冷まし、皮をむく(B)。水けをふき、それぞれ縦2つに切り、へたと種を取り、さらに縦2cm幅に切る。
3 ボウルにⓐを入れ、泡立て器で混ぜてドレッシングを作る。
4 3に2とにんにくを加えてしばらくつけて味をなじませる。

point A
全体をむらなく真っ黒に焼く。焼きかげんが足りないと皮がむきにくい。

point B
水の中でこするようにすると、黒く焦げた薄皮が簡単にむける。

ゆできのこのマリネ

数種類のきのこを
アンチョビー風味がアクセントの
マリネ液に漬けます。
パスタとからめても、パンにのせても。

point A
水は加えず、きのこの水分と白ワインで蒸しゆでにする。

point B
きのこは熱いうちに混ぜることで、味の含みがよくなる。

材料(作りやすい分量)

生しいたけ…2袋
本しめじ…2袋
えのきたけ…2袋
塩…少々
白ワイン…⅓カップ
ⓐ
- 酢(またはワインビネガー)…⅓カップ
- 塩…小さじ1
- こしょう…少々
- オリーブ油…⅔カップ

アンチョビー…小1缶

保存
冷めたら密閉容器に入れ、冷蔵で3～4日間。

作り方

1 生しいたけは石づきを切り、4等分に切る。本しめじとえのきたけは根元を切り、それぞれ食べやすくほぐす。

2 鍋に1を入れて塩と白ワインをふり(A)、ふたをして中火にかける。煮立ったら、火を弱めてふたをしたまま6～8分、しんなりするまで蒸しゆでにする。

3 ボウルにⓐを入れ、泡立て器で混ぜてドレッシングを作る。

4 2をざるに上げてゆで汁をきり、熱いうちに3に入れて混ぜる(B)。アンチョビーを5～6㎜幅に刻んで混ぜ合わせる。

きのこのスパゲッティ

人気のきのこスパゲッティも、ゆできのこのマリネで簡単に

材料（2人分）

ゆできのこのマリネ…200g
スパゲッティ…160g
ベーコン…4枚
サラダ油…大さじ1
塩…適宜
こしょう…少々

作り方

1 ベーコンは1cm幅に切る。
2 スパゲッティは、塩少々を加えたたっぷりの熱湯で表示時間通りにゆで、ざるに上げる。
3 フライパンにサラダ油を熱し、ベーコンを入れて弱火で炒め、きのこのマリネを加えて炒め合わせる。全体がなじんだら、ゆでたてのスパゲッティを入れて手早く炒め合わせ、塩、こしょうで調味する。

アレンジメニュー

マリネ

スペイン風オムレツ

パプリカの甘みとマリネの酸味がきいたボリュームオムレツ

材料（2人分）

焼きパプリカのマリネ…150g
パセリ（みじん切り）…大さじ2
パルメザンチーズ（粉）…大さじ2
卵…3個
サラダ油…大さじ1

作り方

1 パプリカのマリネは2cm幅に切る。
2 ボウルに卵を割りほぐし、**1**、パセリ、パルメザンチーズを加えて混ぜる。
3 直径18cmのフライパンを中火にかけてサラダ油を熱し、**2**を一度に流し入れてかき混ぜ、半熟の状態になったところで火を弱めてふたをし、3分ほど焼く。裏返してふたをし、さらに弱火で3分ほど焼く。
4 **3**をまな板に取り、食べやすい大きさに切って器に盛る。

生たらのソテー　セロリとりんごソースかけ

マリネのほどよい甘みと酸味が、淡泊なたらに味の深みをプラス

材料（2人分）

セロリとりんごの炒めマリネ…200g
生たら…2切れ
塩…適宜
こしょう…少々
小麦粉…適宜
ブロッコリー…小3房
バター…大さじ1

作り方

1 生たらは両面に軽く塩、こしょうして、小麦粉を薄くまぶす。

2 ブロッコリーは小房をさらに縦2つに切り、塩少々を入れた熱湯でさっとゆで、ざるに上げる。

3 フライパンにバターを溶かし、バターが焦げないようにやや弱火にして、たらを入れて両面を色よく焼き、器に盛る。

4 セロリとりんごの炒めマリネを**3**のフライパンでさっと温め、**3**のたらにかけ、ブロッコリーを添える。

ライスサラダ

ご飯をドレッシングとパプリカのマリネであえて、カラフルサラダに

材料（2人分）

焼きパプリカのマリネ…150g
温かいご飯…250g
フレンチドレッシング…大さじ1
生ハム…2枚
塩·こしょう…各少々
レタス…2枚

作り方

1 ご飯はボウルに入れ、ご飯が熱いうちにドレッシングをふり、木じゃくしで切るように混ぜながら冷ます。

2 焼きパプリカのマリネと生ハムは1cm角に切る。

3 **1**のボウルに**2**を加えて混ぜ、塩、こしょうで調味し、レタスを敷いた器に盛る。

長いもとエリンギの焼きびたし

point A

長いもは繊維を切るようにして、味のしみ込みをよくする。

point B

ごまを刻んで香りを出す。ペーパータオルを敷くとごまが飛びにくい。

point C

グリルはあらかじめ点火しておき、内部が熱くなったところに入れる。

point D

熱いうちにつけ汁につけ、味をよくしみ込ませる。

材料(作りやすい分量)

長いも…400g
エリンギ…4本
さやいんげん…100g
塩…少々
ⓐ
だし汁…$1\frac{1}{2}$カップ
みりん…大さじ3
しょうゆ…大さじ4〜5
いり白ごま…大さじ5

保存
冷めたら汁ごと密閉容器に入れ、冷蔵で3日間。

作り方

1 長いもは皮をむいて縦2つに切り、8㎜厚さの半月切りにする(A)。エリンギは縦8㎜厚さに切る。

2 さやいんげんはへたを切り、塩を入れた熱湯でさっとゆでてざるに上げ、長さを半分に切る。

3 ボウルにⓐを入れて混ぜる。

4 まな板にペーパータオルを敷いていりごまをのせ、包丁であらく刻む(B)。

5 グリルの網に1を並べ(C)、強火で熱しておいたグリルに入れて5分ほど焼き、上下を返してさらに3〜4分焼く。熱いうちに3につけて冷まし(D)、さやいんげんを加えて混ぜ合わせる。

味をつけるタイミングが大切!

焼きびたしや揚げびたしは、食材を加熱調理したものを調味しただし汁に浸して味を含ませる料理です。いずれも加熱直後の熱いうちにだし汁につけるのがポイント。これは、加熱直後の食材は細胞が壊れて、味が浸透しやすくなっているからです。冷めてからでは、細胞が再びかたく締まって味がしみ込みにくくなってしまうので、食材を加熱する前に、だし汁と調味料を合わせて準備しておくことが大切です。

歯ごたえの違う
長いもとエリンギの
コンビネーションが絶妙です。
素焼きにしたら、
熱いうちに素早くつけ汁に。
薄味の和風つけ汁が、
素材の持ち味を
さらに引き立てます。

ズッキーニとミニトマトの焼きびたし

オリーブ油をコーティングして焼いた野菜を、黒こしょう風味の和風だしでさっぱり味に仕上げます。

材料（作りやすい分量）

ズッキーニ…２本
ミニトマト（赤・黄）…各８個
玉ねぎ…１個
オリーブ油…大さじ３
ⓐ だし汁…1½カップ
ⓐ 塩…小さじ1½
ⓐ 黒こしょう…少々

保存
冷めたら汁ごと密閉容器に入れ、冷蔵で３日間。

作り方

1 ズッキーニは８㎜厚さの輪切りにする。玉ねぎは縦２つに切ってしんを取り、１㎝幅の半月切りにし、つま楊枝で留める（A）。ミニトマトはへたを取る。

2 ボウルにⓐを入れ、よく混ぜて塩を溶かす。

3 別のボウルに1を入れてオリーブ油をからめる（B）。

4 グリルの網にズッキーニと玉ねぎを並べ、強火で熱したグリルに入れて４～５分焼き、上下を返して約３分焼く。続いてミニトマトも網にのせてサッと焼く。

5 玉ねぎのつま楊枝を抜き、ズッキーニ、ミニトマトとともに3につけて味をなじませる。

point A
玉ねぎはつま楊枝を刺しておくと焼くときに裏に返しやすく、バラバラにならない。

point B
オリーブ油をからめて焼くと水分が出にくく、風味もよくなる。

ごぼうの揚げびたし

油で揚げたごぼうの香ばしさが、酢入りのつけ汁で、さわやかに引き立ちます。

材料（作りやすい分量）

ごぼう…500g
ししとうがらし…1袋
赤とうがらし…1～2本
ⓐ
- だし…1½カップ
- 酢…⅓カップ
- 薄口しょうゆ…⅓カップ
- みりん…大さじ2

揚げ油…適宜

保存
冷めたら汁ごと密閉容器に入れ、冷蔵で5～6日間。

作り方

1 ごぼうは皮をこそげ、長めの乱切りにして水にさらし、ざるに上げて水けをふく。ししとうは包丁の先で切り込みを入れる。

2 赤とうがらしはへたを切って種を取り、輪切りにする。

3 ボウルにⓐを入れて混ぜ、**2**を加えてつけ汁を作る。

4 揚げ油を中温に熱し、ごぼうを入れて5～6分揚げる（A）。揚げたてを**3**のつけ汁に入れて味をなじませる。

5 揚げ油を高温にし、水けをふいたししとうをさっと揚げ、油をきって同様につけ汁に入れる。

point
A
ごぼうは水分が抜けてカリッとするまで揚げる。

小大豆もやしのナムル

材料（作りやすい分量）

小大豆もやし…２袋（400g）
塩・酢…各少々
ごま油…大さじ１

ⓐ
- 砂糖…小さじ½
- 塩…小さじ½
- しょうゆ…小さじ１
- こしょう…少々
- 長ねぎ（みじん切り）…大さじ３
- すり白ごま…大さじ２

保存
密閉容器に入れて冷蔵で３日間。

作り方

1 小大豆もやしは洗い、ざるに上げて水けをきる。

2 鍋にたっぷりの湯を沸かして塩、酢を入れ、1を入れて2〜3分ゆでる（A）。ざるに上げて広げ、ゆで汁をきってそのまま冷ます（B）。

3 2をボウルに移してごま油をふり（C）、全体をよく混ぜ合わせ、ⓐを加えてさらによく混ぜる（D）。

point A
もやしはゆですぎると食感が悪くなり、ゆでたりないとくさみが残る。

point B
余熱で火が通りすぎないように、ボウルを当てたざるに広げて手早く冷ます。

point C
もやしから水けが出ないように、ごま油をまぶして表面をコーティングする。

point D
最後に調味料と薬味を加え、味にむらが出ないようにしっかり混ぜる。

お弁当のヒント

ビビンバ弁当に

ナムルが数種あると（P44参照）、ビビンバ弁当が簡単。弁当箱にご飯200gを敷き詰め、韓国のり½枚を細かくほぐして全体に散らす。牛肉50gを炒めたもの、小大豆もやしのナムル50g、ほうれんそうのナムル50gを彩りよくのせ、その上にごま油で焼いた目玉焼きをのせる。ボリュームたっぷりで、栄養のバランスもとれた満点弁当。

ほのかにごま油と
ねぎの風味が香る、
やさしい味わいのナムルです。
小大豆もやしは、
種となる大豆が
やや小さいもので、
口当たりがよく、味も繊細。

ナムル4種［大根・ほうれんそう・きゅうりとわかめ・ぜんまい］

材料(作りやすい分量)

――大根のナムル

大根…½本(500g)
塩…小さじ1
ⓐ
- 酢…大さじ5～6
- 砂糖…大さじ2
- いり白ごま…大さじ1
- 一味とうがらし…小さじ½

――ほうれんそうのナムル

ほうれんそう…500g
塩…少々
ごま油…大さじ2
ⓑ
- 塩…小さじ1
- しょうゆ…小さじ1
- 長ねぎ(みじん切り)…大さじ3
- 一味とうがらし…小さじ⅓
- いり白ごま…大さじ1

――きゅうりとわかめのナムル

きゅうり…3本
塩…小さじ1
わかめ(もどしたもの)…150g
ごま油…大さじ1
ⓒ
- しょうゆ…大さじ½
- こしょう…少々
- いり白ごま…大さじ1

――ぜんまいのナムル

ゆでぜんまい…400g
ごま油…大さじ2
にんにく(みじん切り)…小さじ½
酒…大さじ1
砂糖…大さじ⅔
しょうゆ…大さじ2½～3
長ねぎ(みじん切り)…大さじ4
一味とうがらし…少々
いり白ごま…大さじ2

保存
密閉容器に入れ、冷蔵で
大根、きゅうりとわかめのナムルは3日間、
ほうれんそう、ぜんまいのナムルは5～6日間。

point A
水分の多い大根は、塩をして十分に水けをとっておく。

point B
ほうれんそうは水けを残さないように、切ってからも再び絞る。

作り方

――大根のナムル

1 大根は皮をむいてスライサーで太めのせん切りにし、ボウルに入れて塩をふり(A)、全体にまぶしてしんなりするまで20分ほどおく。
2 1の水けをよく絞り、ボウルに入れてⓐを加えて混ぜる。

――ほうれんそうのナムル

1 ほうれんそうは、塩を加えたたっぷりの熱湯で、2～3回に分けてサッとゆで、冷水にとって冷ます。ざるに上げて水けをよく絞る。
2 1の根元を切り、3～4cm長さに切り、再び水けをしっかり絞る(B)。
3 2をボウルに入れ、ごま油をふって全体にまぶし、ⓑを加えてよく混ぜる。

――きゅうりとわかめのナムル

1 きゅうりは薄い輪切りにしてボウルに入れ、塩をふって混ぜ、しんなりするまで20分ほどおく。
2 わかめは水けを絞って2cm幅に切る。
3 1を水で洗ってざるに上げ、水けを絞り、ボウルに入れて2を加える。ごま油をふって全体にまぶし(C)、ⓒを加えてよく混ぜ合わせる。

――ぜんまいのナムル

1 ぜんまいはたっぷりの熱湯に入れて2～3分ゆで、ざるに上げてそのまま冷まし、冷めてから3～4cm長さに切りそろえる。
2 フライパンにごま油を熱してぜんまいを入れ、水けをとばすように中火でよく炒める(D)。
3 2ににんにくを加えて炒め合わせ、酒をふり、砂糖、しょうゆを加えて汁けをとばすようにさらに炒める。ねぎ、一味とうがらしを加えて炒め合わせ、最後にごまを加えてひと混ぜし、冷ます。

point C
ごま油でコーティングしておくと、水っぽくならない。

point D
繊維のしっかりしたぜんまいは、炒めて水分をとばす。

ナムルは韓国料理の代表的常備菜。野菜がいつでもたっぷり食べられて、毎日の副菜として大活躍。コツは、水けをしっかりきることです。

きゅうりとわかめのナムル

大根のナムル

ぜんまいのナムル

ほうれんそうのナムル

海鮮ビビンバ

刺し身をピリ辛韓国風のたれにつけ、ナムルとともに温かいご飯に

材料(2人分)

好みのナムル(2～3種)…(合わせて)200g
好みの刺し身…120g
温かいご飯…300 ～ 400g
ⓐ ┌ごま油…大さじ1
　 │しょうゆ…大さじ1
　 └コチュジャン…大さじ½
いり白ごま…大さじ½
糸とうがらし…少々

作り方

1 刺し身は一口大に切る。

2 ボウルにⓐを入れて混ぜ、**1**を入れて全体にからめる。

3 器にご飯を盛り、ナムルと**2**をのせ、全体にいりごまをふって糸とうがらしをのせる。全体を混ぜて食べる。

冷めん風そうめん

手近なそうめんを使って韓国冷めん風に

材料(2人分)

好みのナムル(2～3種)…(合わせて)150g
豚もも塊肉…200g
ⓐ ┌長ねぎの青い部分…5cm
　 │しょうがの皮…少々
　 │酒…大さじ3
　 └塩…小さじ1
そうめん…150g
白菜のキムチ…80g
ゆで卵…1個
糸とうがらし…少々

作り方

1 豚肉は冷蔵庫から出して室温に戻す。鍋に水4カップとともに入れて強火にかけ、煮立ったら火を弱めてアクを取り、ⓐを加え、ふたをして30分ほどゆで、ゆで汁につけたまま冷ます。

2 **1**の肉は薄切りにし、ゆで汁は濾して冷やしておく。白菜のキムチは一口大に切る。ゆで卵は横半分に切る。

3 そうめんはたっぷりの熱湯でサッとゆで、冷水で洗って冷まし、水けをきる。

4 器にそうめんを盛り、ナムルと**2**をのせ、糸とうがらしをあしらって**2**のゆで汁をかける。

ナムルと牛肉の炒め物

韓国のあえ物チャプチェ風にはるさめを加えて

材料（2人分）

好みのナムル（2～3種）…（合わせて）150g
牛こま切れ肉…80g
はるさめ…40g
ごま油…小さじ１
ⓐ
- 酒…大さじ½
- 砂糖…小さじ１
- しょうゆ…大さじ１
- こしょう…少々

いり白ごま…小さじ１

作り方

1 はるさめはたっぷりの熱湯に入れてゆで、ざるに上げてゆで汁をきり、冷めてから食べやすい長さに切る。牛肉は細切りにする。

2 フライパンにごま油を熱して牛肉を入れ、ほぐすようにして炒め、肉の色が変わったら、ⓐを加えてさらに炒め、取り出す。

3 **2**のフライパンにはるさめを加えて味をからめるように炒め、牛肉を戻し入れ、ナムル、ごまを加えて手早く炒め合わせる。

アレンジメニュー

ナムル

ナムル入り卵焼き

おかずにも、酒の肴にも、お弁当にもぴったりの具入り卵焼き

材料（2人分）

好みのナムル（2～3種）…（合わせて）80g
卵…2個
砂糖…大さじ½
サラダ油…適宜

作り方

1 ナムルは細かく刻む。

2 ボウルに卵を割りほぐして砂糖を混ぜ、**1**を加えて混ぜ合わせる。

3 卵焼き器にサラダ油を熱し、**2**の½量を流し入れ、半熟状になるまで混ぜながら弱火で焼き、手前に巻き込み、巻き込んだ卵焼きを向こう側に移す。

4 あいた手前に油を薄くぬり、残りの卵液のさらに½量を流し、向こう側に置いた卵焼きの下にも流し入れて手前に巻き込み、残りの液も同じようにして焼く。

5 **4**を食べやすい大きさに切り、器に盛る。

ごぼうとあんずのピクルス

材料（作りやすい分量）

ごぼう…500g

ⓐ
- 酢…2/3カップ
- 水…1 2/3カップ
- 赤とうがらし…1本
- 砂糖…大さじ2
- 塩…小さじ1
- 薄口しょうゆ…大さじ1

干しあんず…80g

保存
密閉容器に入れたまま冷蔵で2週間。

作り方

1 鍋にⓐを入れて火にかけ、混ぜながら砂糖、塩を煮溶かし、漬け汁を作る（A）。

2 ごぼうは皮をこそげて4～5㎝長さに切って縦2～4等分の棒状に切り（B）、水にさらし、ざるに上げて水けをきる。干しあんずは2～4つに切る。

3 鍋にごぼうと水をひたひたに入れて中火にかけ、煮立ったら火を弱めてふたをし（C）、ごぼうがやわらかくなるまで15～20分ほどゆでる。ざるに上げてゆで汁をきる。

4 **1**をボウルに移し、**3**を熱いうちに漬けて（D）しばらくおき、冷めたら干しあんずを加え、汁ごと密閉容器に移して一晩漬け込む。

point A
漬け汁は火にかけて、砂糖と塩を溶かす。煮立てて煮詰めないように。

point B
ごぼうの歯ごたえを生かすために、繊維に沿って棒状に切りそろえる。

point C
ごぼうは水からゆでて、ふたをしてやわらかくゆでる。

point D
ごぼうが熱いうちに漬け汁に漬けて、よく味を含ませる。

お弁当のヒント

ピクルスで、鶏肉の甘酢煮

鶏もも肉80gを3㎝角に切り、熱したサラダ油で色よく焼き、ごぼうとあんずのピクルス約60gを加える。酒、しょうゆ各大さじ1/2で味をととのえてふたをし、弱火で5～6分煮る。よく冷ましてお弁当箱に詰める。

ごぼうに甘ずっぱいあんずの風味を組み合わせて、
意外なおいしさを引き出しました。
ごぼうをやわらかくゆでるのがポイント。
日もちがして、根菜の足りないときのすぐれものです。

ミックスピクルス

きゅうり、セロリ、赤ピーマンを使った彩りのよいベーシックなピクルス。長期保存用ではないので、酸味は控えめで、味もまろやか。サラダ感覚で食べてください。

作り方

1 セロリは1㎝幅の斜め切りにする。きゅうりは1㎝厚さの斜め輪切りにする。波形のナイフがあれば、これを使うと味がしみやすい。赤ピーマンは縦2つに切り、へた、種を取り、さらに4等分に切る。

2 ボウルに水3カップと塩を入れて混ぜ合わせ、**1**を入れ、小さめの皿をのせてその上に水を張ったボウルを重石代わりにのせ(A)、一晩おく。

3 ホウロウ製などの酸に強い鍋にⓐを入れて火にかけ、煮溶かして冷ます。

4 **2**をざるに上げて水けをきり、さらに水けをふき取る。

5 **4**を密閉容器に入れて**3**を注ぎ、一晩漬け込む。

point A

軽く塩漬けして野菜の水分をほどよく抜いておくと歯ざわりがよくなる。

材料(作りやすい分量)

セロリ…2本
きゅうり…2本
赤ピーマン…3個
塩…大さじ2強
ⓐ
- 酢…1カップ
- 白ワイン…½カップ
- 水…½カップ
- 砂糖…大さじ3
- ローリエ…1枚
- 赤とうがらし…1～2本
- 黒粒こしょう…小さじ½

保存
密閉容器に入れたまま冷蔵で2週間。

炒めピクルス

小玉ねぎ、にんじん、カリフラワーを炒めてコクのあるピクルスに。比較的水分の少ない野菜なので、塩で水分を抜く必要はありません。

材料（作りやすい分量）

小玉ねぎ…10個
にんじん…大1本
カリフラワー…小1個
オリーブ油…大さじ4
ローリエ…1枚
黒粒こしょう…小さじ1
白ワイン…⅓カップ
ⓐ 砂糖…大さじ½
ⓐ 塩…小さじ1⅓
ⓐ レモン汁…大さじ3

保存
汁ごと密閉容器に入れ、冷蔵で4～5日間。

point A
オリーブ油を十分になじませて、香りとコクをつける。

作り方

1 小玉ねぎは熱湯に入れてひとゆでし、水にとって冷まし、ざるに上げて水けをきる。皮をむいて上下を切り落とし、根元に十文字に切り込みを入れる。

2 にんじんは皮をむいて縦二つに切り、波形のナイフで6㎜厚さの半月切りにする。

3 カリフラワーは小房に切り、大きいものはさらに2～4等分に切る。

4 フライパンにオリーブ油を熱し、**1**、**2**、**3**を入れて2分ほど炒め、ローリエ、粒こしょうを加えてさらに炒める（A）。

5 全体に油が回ったら、白ワインをふり入れ、水1カップとⓐを加えて強火で煮る。煮立ったら火を弱めて2～3分煮て火を止め、ボウルに取り出して冷ます。

ピクルスサンドイッチ

クリームチーズとスモークサーモンの組み合わせが絶妙

材料(4人分)

ミックスピクルス…80g
サンドイッチ用食パン…8枚
バター…大さじ2
クリームチーズ…80g
スモークサーモン(薄切り)…4枚

作り方

1 ミックスピクルスは汁けをきって粗いみじん切りにする。
2 クリームチーズは室温に戻し、**1**を加えて混ぜる。
3 パンはそれぞれに薄くバターをぬり、4枚に**2**をぬってサーモンをのせ、残りの4枚ではさむ。
4 4組みのサンドイッチを重ねてラップで包み、軽く押して10分ほどおき、食べやすい大きさに切り分ける。

アレンジメニュー

ピクルス

サラダずし

簡単洋風ずしは、サニーレタスに包んで食べても美味

材料(2人分)

ごぼうとあんずのピクルス…100g
温かいご飯…300g
フレンチドレッシング…大さじ2
ロースハム…2枚
塩・こしょう…各少々
サニーレタス…4枚
パセリ(みじん切り)…適宜

作り方

1 ボウルにご飯を入れてフレンチドレッシングをふり、混ぜて冷ます。
2 ごぼうのピクルスは5㎜角、あんずは1㎝角に切る。ハムは2㎝角に切る。
3 **1**に**2**とパセリを加えて混ぜ、塩、こしょうで味をととのえる。
4 器にサラダずしを盛り、洗って水けをふいたサニーレタスを添える。

白身魚のピクルス煮

炒めピクルスをソースにしてメインディッシュに

材料(2人分)

炒めピクルス…150g
白身魚…2切れ
塩・こしょう…各少々
小麦粉…適宜
サラダ油…大さじ1
白ワイン…大さじ2
パセリ(みじん切り)…適宜

作り方

1 白身魚は1切れを2つに切り、両面に塩、こしょうする。

2 ピクルスの小玉ねぎは縦半分に切り、カリフラワーとにんじんも半分に切る。

3 フライパンにサラダ油を熱し、白身魚に小麦粉を薄くまぶして入れ、中火で両面を色よく焼き、白ワインをふってふたをし、3分ほど蒸し焼きにする。

4 **3**に**2**を加えてひと煮し、器に盛ってパセリをふる。

ピクルス入り春巻き

外側はパリッと香ばしく、中はジューシーで甘ずっぱい

材料(2人分)

ごぼうとあんずのピクルス…100g
春巻きの皮…6枚
小えび(殻をむいたもの)…100g
酒…大さじ1
塩…少々
水溶き片栗粉…適宜
揚げ油…適宜
香菜…適宜

作り方

1 春巻きの皮は1枚ずつはがし、ラップをかけて乾かないようにしておく。

2 えびは背わたを取って約1cm幅に切り、ボウルに入れて酒と塩をふって混ぜる。

3 **1**の角を手前にして置き、**2**とごぼうとあんずのピクルスを6等分ずつのせ、皮の端に水溶き片栗粉をはけでぬり、左右を折り込んで包み、巻き終わりを下にしておく。同様に6本作る。

4 揚げ油を中温に熱し、**3**を入れ、裏に返しながら、カリッと揚げる。

5 食べやすい大きさに切って器に盛り、香菜を添える。

甘酢漬け3種

［新しょうが・みょうが・じゃがいも］

材料（作りやすい分量）

——新しょうがの甘酢漬け

新しょうが…500g

ⓐ
- 酢…1カップ
- 水…½カップ
- 砂糖…80g
- 塩…小さじ1

——みょうがの甘酢漬け

みょうが…12個

ⓑ
- 酢…⅔カップ
- 水…⅓カップ
- 砂糖…大さじ4
- 塩…小さじ½

——じゃがいもの甘酢漬け

じゃがいも…大4〜5個

ⓒ
- 酢…½カップ
- 水…⅔カップ
- ナンプラー…大さじ3
- 薄口しょうゆ…大さじ2
- 砂糖…大さじ3

保存

冷めたら汁ごと密閉容器に入れ、冷蔵で新しょうがは2週間〜1か月間、みょうが、じゃがいもは3〜4日間。

作り方

——新しょうがの甘酢漬け

1 新しょうがは洗い、薄い皮をこそげ落とす（A）。

2 ホウロウ製などの酸に強い鍋にⓐを入れ、火にかけて調味料を煮溶かす。ボウルに移して冷まし、漬け汁を作る。

3 1をスライサー（または包丁）で薄切りにする（B）。たっぷりの熱湯に入れてさっとゆでる（C）。ざるに上げてゆで汁をきり、熱いうちに2に浸し（D）、そのまま一晩ほど漬ける。

——みょうがの甘酢漬け

1 ホウロウ製などの酸に強い鍋にⓑを入れて火にかけ、調味料を煮溶かして漬け汁を作る。

2 みょうがは縦二つに切り、たっぷりの熱湯で1〜2分ゆでる。ざるに上げてゆで汁をきり、熱いうちに1に浸してそのまま冷ます。

——じゃがいもの甘酢漬け

1 ボウルにⓒを混ぜ合わせ、調味料をよく溶かす。

2 じゃがいもは皮をむいてスライサーでせん切りにし、水にさらしてパリッとさせ、ざるに上げて水けをきる。

3 たっぷりの熱湯に2を入れてひとゆでし、ざるに上げてゆで汁をきり、さらに冷水にさらして冷ます。

4 3を再びざるに上げて水けをきり、水けをふいて1に漬け込み、味がなじむまでおく。

point A

割り箸の角で表面をこするようにすると、簡単に薄皮がむける。

point B

スライサーを使うと均一の厚さに切れ、ゆでむらや味むらがなくなる。

point C

ゆで時間はごく短時間。ゆですぎるとシャキッとした歯ざわりが損われる。

point D

熱いうちに甘酢に漬けると、味がなじみやすくなる。

新しょうがの甘酢漬け

おすしに欠かせない
おなじみの新しょうが、
彩りの美しいみょうが、 味わい新鮮なじゃがいも。
どれも料理の脇役として活躍するものばかり。
冷蔵庫にあれば大助かりです。

じゃがいもの甘酢漬け

みょうがの甘酢漬け

あじとみょうがのあえ物

甘酢のきいたみょうがとあえて、あじの刺し身を小いきな小鉢料理に

材料（2人分）

みょうがの甘酢漬け…4切れ
あじ（刺し身用）…1尾分
しょうゆ…適宜

作り方

1 あじは5㎜幅の斜め切りにする。
2 みょうがの甘酢漬けは縦3㎜幅に切る。
3 ボウルに**1**と**2**を入れてあえ、器に盛り、しょうゆをふる。

アレンジメニュー

甘酢漬け

新しょうが入りスープ

ピリ辛のさわやかな酸味で、食欲のないときにもおすすめ

材料（2人分）

新しょうがの甘酢漬け…50g
豚もも薄切り肉…50g
酒…大さじ2
ⓐ
- 豆板醤…小さじ½
- 薄口しょうゆ…大さじ½
- 塩…小さじ⅓
- 新しょうがの甘酢漬けの漬け汁…大さじ2

ワンタンの皮…6枚
細ねぎ（斜め切り）…少々

作り方

1 新しょうがの甘酢漬けはせん切りにする。豚肉は細切りにする。
2 鍋に水2カップと豚肉を入れて火にかけ、煮立ったら火を弱めてアクを取る。酒を加えてふたをして5～6分煮、ⓐを加えて味をととのえる。
3 **2**にワンタンの皮を1枚ずつ入れ、とろりとしたら、**1**を加えてひと煮し、細ねぎを散らして器に盛る。

しょうが入りえびチャーハン

しょうがの香りが食欲をそそる、薄味のチャーハン

材料（2人分）

新しょうがの甘酢漬け…30g
えび…100g
レタス…80g
長ねぎ（粗みじん切り）…大さじ2
温かいご飯…300g
サラダ油…大さじ2
酒…大さじ1
新しょうがの甘酢漬けの漬け汁…大さじ2
塩…小さじ½
こしょう…少々

作り方

1 えびは背わたを取り、1cm幅に切る。新しょうがは1cm角に切る。レタスは3cm角に切る。
2 中華鍋にサラダ油を熱してえびを炒め、色が変わったら、ご飯、ねぎを加えてほぐすようにして炒める。
3 **2**に酒をふり、新しょうがの漬け汁、塩、こしょうで調味し、しょうがを加えて炒め合わせ、最後にレタスを加えて炒める。

じゃがいものエスニックサラダ

玉ねぎ、香菜、ごま油の絶妙なハーモニー

材料（2人分）

じゃがいもの甘酢漬け…150g
豚もも薄切り肉（しゃぶしゃぶ用）…50g
玉ねぎ…小¼個
香菜…½束
赤とうがらし…1本
ごま油…大さじ1
トマト…1個

作り方

1 豚肉は沸騰した湯に1枚ずつ広げて入れてゆで、色が変わったらざるに上げて水けをきり、冷めてから2cm幅に切る。
2 玉ねぎはしんを取り、縦に薄切りにして冷水にさらし、ざるに上げて水けをきる。
3 香菜は3cm長さに切る。赤とうがらしはへたを切って種を取り、輪切りにする。
4 ボウルにじゃがいもの甘酢漬け、**1**、**2**、**3**を入れ、ごま油を加えてあえる。
5 トマトは縦2等分に切り、横5mm厚さに切って器に敷き、**4**を盛る。

つくだ煮

実ざんしょうのつくだ煮

作り方

1 実ざんしょうははさみで小枝を切り取る。

2 鍋に1を入れ、熱湯を注いで火にかけ、煮立ったら火を弱めて20分ほどゆで、ざるに上げてゆで汁をきり(A)、水にとって2～3時間さらし(B)、ざるに上げて水けをきる。

3 鍋に2とⓐを入れて火にかけ(C)、煮立ったら火を弱め、ときどき混ぜながら20～30分煮る(D)。

材料(作りやすい分量)

実ざんしょう…200g

ⓐ
- 酒…1/2カップ
- 水…1/2カップ
- 砂糖…大さじ1
- しょうゆ…大さじ3

保存
冷めたら密閉容器に入れ、冷蔵で1か月間。

point A
ゆで汁をきってアクをしっかり抜かないと、渋みが出る。

point B
水にさらし、さらによくアクを抜く。

point C
しょうゆは好みで濃いめにかげんしても。

point D
煮汁がほとんどなくなるまで弱火でじっくり煮る。

実ざんしょう

さんしょうはミカン科の落葉低木で、和食には欠かせないスパイスの一つ。沖縄を除く全国の杉林や雑木林に自生しています。春の若葉は「木の芽」としておなじみですが、花の後になる鮮やかな緑色の実が、実ざんしょう。独特の風味とピリッとしたさわやかな辛みが持ち味です。この実が秋には成熟し、これをひいたものが「粉ざんしょう」となります。

お弁当のヒント

かば焼きおにぎり

少しかために炊いたご飯に、小さめに切ったうなぎのかば焼きと実ざんしょうのつくだ煮を混ぜ込み、おにぎりにする。手軽にうなぎのさんしょう煮の味が楽しめる。好みで、のりを巻いてもよい。

5月末から6月にかけて出回る、
未熟な青いさんしょうの実で作るつくだ煮。
独特のピリッとした辛さがさわやかで、
そのままご飯に混ぜたり、酒の肴に。
うなぎやちりめんじゃこと煮ても、
相性は抜群。

ふきのとうみそ

春の香りのふきのとうを、
みそと合わせて
しっかり練りあげます。
油で炒めて煮詰めるのでコクがあり、
白いご飯にはもちろん、
生野菜につけるなど、
味わい方もいろいろ。

作り方

1 ふきのとうはみじん切りにする。

2 鍋にサラダ油を熱して1を入れて中火で炒め、しんなりしたらみそを加えて混ぜ、全体になじんだらⓐを加えてさらに混ぜる。煮立ったら火を弱め、とろりとするまで混ぜながら煮詰める。

材料（作りやすい分量）

ふきのとう…300g
サラダ油…大さじ２
みそ…150g
ⓐ 酒…大さじ４
　 みりん…大さじ３
　 砂糖…大さじ１～２

保存
冷めたら密閉容器に入れ、
冷蔵で１か月間。

ふきのとう

ふきのとうはふきの若い花芽（つぼみ）で、日当たりのよい土手や斜面に顔を出す、春を告げる山菜です。栽培ものもありますが、自生のものはもえぎ色で香りがよく、特有の苦みがあります。花茎が伸びる前のかたく閉じたつぼみを、つけ根からひねるように採ります。雪解けの地面から顔を出したばかりで、まだ日に当たっていないものは、苦みが少なく香りが豊かです。

山ぶきの梅風味煮

準備として山ぶきを
前日から洗って干しておけば、
あとは煮るだけ。
おなじみのほろ苦さに
梅干しの酸味が加わって、
ご飯がすすむ一品に。

材料（作りやすい分量）

山ぶき…500g
梅干し…3個
酒…1/3カップ
ⓐみりん…大さじ3
ⓐ砂糖…大さじ3
ⓐしょうゆ…大さじ5～6

保存
冷めたら密閉容器に入れ、
冷蔵で10～15日間。

作り方

1 ふきは洗ってざるに広げ、一晩ほど干して余分な水分を抜く。
2 **1**を4～5㎝長さに切る。梅干しは種を除き、果肉をあらくほぐす。
3 鍋に**2**を入れ、水2/3カップと酒を加えて火にかける。煮立ったら、ⓐを加えて混ぜ、ふたをして火を弱め、ときどきかき混ぜて20分ほど煮る。

ふき

ふきは日本じゅうどこにでも自生している多年草で、数少ない日本原産の野菜です。なかでも、山野に自生する山ぶきは日本古来の味として親しまれ、細めの茎を甘辛く煮た「きゃらぶき」はおふくろの味の代表格です。栽培もののふきとはひと味違い、野趣あふれる独特の香りや苦みが魅力で、初夏から夏にかけて山菜摘みの楽しみとなっています。

高菜漬けといりこの炒め物

高菜漬けの素朴なうまみに、いりこの香ばしさがぴったり。ラーメンなどの具にも重宝です。

作り方

1 高菜漬けは葉と茎に切り分け、葉の部分は広げて2㎝幅に切ってから細切りに(A)、茎は粗いみじん切りにする。ともに軽く汁けを絞る。

2 赤とうがらしはへたを切って、種を除き、輪切りにする。

3 鍋にサラダ油を熱して1を炒め、油がなじんだらいりこを加えて炒め、さらに2を加えて炒める。酒をふり(B)、しょうゆを加えて、よく炒め合わせる。

point A

高菜の葉は幅広なので、先に縦に切ってから細切りに。

point B

酒をふって、高菜漬け独特のくせやくさみをやわらげる。

材料(作りやすい分量)

高菜漬け…200g
いりこ…40g
赤とうがらし…1～2本
サラダ油…大さじ1
酒…大さじ3
しょうゆ…大さじ½

保存

冷めたら密閉容器に入れ、冷蔵で10～14日間。

たくあんのごま風味炒め

ごま風味が香ばしく後をひくおいしさです。心地よい歯ごたえも魅力。

point A

水にさらす時間は、たくあんの塩分によってかげんする。

point B

しっかり炒めて水分を飛ばし、ごま油の風味をプラスする。

材料（作りやすい分量）

たくあん…200g

ごま油…大さじ１

酒…大さじ１

いり黒ごま…大さじ½

保存

冷めたら密閉容器に入れ、冷蔵で４〜５日間。

作り方

1 たくあんは縦半分に切って薄い半月切りにし、水に5分ほどさらして(A)塩けを抜き、ざるに上げて水けを絞る。

2 フライパンにごま油を熱し、**1**を炒める(B)。全体に油が回ったら酒をふり、さらによく炒めて、仕上げにごまをふって混ぜる。

材料（作りやすい分量）

大根の葉…300g
豚ひき肉…150g
サラダ油…大さじ½
酒…大さじ２
みそ…60g
みりん…大さじ２

保存
冷めたら密閉容器に入れ、
冷蔵で４～５日間。

作り方

1 大根の葉はみじん切りにする。
2 フライパンにサラダ油を熱して豚ひき肉を炒め、肉の色が変わったら**1**を加えて炒め合わせる。しんなりしたら、酒をふり、みそ、みりんを加え、みそを溶くように炒め合わせる。

大根の葉の炒め物

大根やかぶの葉を炒め物にして、重宝な常備菜に。おにぎりや混ぜご飯に大活躍します。

かぶの葉の炒め物

作り方

1 かぶの葉はみじん切りにする。
2 アンチョビーは5㎜幅に切る。
3 フライパンにサラダ油を熱して**1**を入れ、水けをとばすように炒める。しんなりしたら**2**を加えてさらに炒め、酒をふり、塩、こしょうで調味する。

材料（作りやすい分量）

かぶの葉…300g
アンチョビー…40g
サラダ油…大さじ２
酒…大さじ１
塩…小さじ⅓
粗びき黒こしょう…小さじ½

保存
冷めたら密閉容器に入れ、
冷蔵で４～５日間。

肉の常備菜

肉の常備菜は、ほかの材料に比べて切る手間が少ないものが多いので、下ごしらえをしてしまえば、煮るだけの鍋におまかせの常備菜や、短時間でできあがる炒め物など、家事の合間でも作ることができます。子どもにも人気でお弁当にも活躍します。

指導／石原洋子

肉だんご

材料(でき上がり約32個)

ⓐ
- 豚ひき肉…600g
- 長ねぎ(みじん切り)…½カップ
- しょうが(すりおろし)…小1かけ
- 卵…2個
- 酒…大さじ2
- 塩…小さじ1
- 片栗粉…大さじ6
- 水…大さじ4

揚げ油…適宜

保存
冷めたら密閉容器に入れ、
冷蔵で3〜4日間。
冷凍で2〜3週間。

作り方

1 ボウルにⓐの材料を入れ、粘りが出るまでよく練り混ぜる(A)。

2 揚げ油は170度に熱しておく。

3 1を適量手に取って直径3cmくらいに丸く絞り出し、油をぬったスプーンですくい取り、2の油に入れていく(B)。

4 肉だんごの表面が固まってきたらときどきかき混ぜ、きつね色に揚げ、網にとって油をきる(C)。

point A
手でしっかり練り混ぜて材料と調味料をよくなじませる。

point B
小指から順に握るようにし、親指と人差し指の間から絞り出す。

point C
肉に火が通ると浮いてくる。さらに1分ほど揚げて香ばしく。

ベーシックメニュー

肉だんごのあんかけ

材料(2〜3人分)と作り方

1 鍋に水½カップ、しょうゆ大さじ2、酢大さじ2、砂糖大さじ2、片栗粉小さじ1½を合わせて火にかけ、かき混ぜながら煮立ててとろみをつける。

2 1に揚げたての肉だんご16個を入れてからめ、しょうがの搾り汁少々をふり入れて風味をつける。

3 器に盛ってしらがねぎ適宜を天盛りにする。

お弁当のヒント

ケチャップ味の肉だんごに

トマトケチャップとウスターソースを大さじ1ずつ鍋に合わせ、肉だんご3〜4個を入れて煮からめる。片栗粉でとろみをつけた甘酢しょうゆのあんを作るより、簡単でスピーディ。子どもに人気の味。

豚ひき肉で作る揚げだんごは、
基本のシンプル味。
作ったその日は
しょうゆ風味のあんかけで、
翌日からの温め直しでは、
野菜をプラスして
味変わりを楽しみましょう。

肉だんごのトマト煮

トマトの水煮缶でちょっとイタリアン

材料（2人分）

肉だんご…8個
グリンピース（さやから出したもの）…1カップ
玉ねぎ…½個
にんにく（みじん切り）…少々
トマトの水煮（缶詰）…1缶
オリーブ油…大さじ1
塩…小さじ½
こしょう…少々

作り方

1 鍋に湯を沸騰させて塩少々（分量外）を入れ、グリンピースを入れてやわらかくゆで、ざるに上げて流水で冷まし、水けをきっておく。

2 玉ねぎは1cm角に切る。

3 鍋にオリーブ油を熱し、玉ねぎとにんにくを入れてよく炒め、トマトの水煮を加えてくずすように炒め、水⅓カップを加えて煮立てる。肉だんごを加えて1～2分煮、塩、こしょうで味をととのえ、グリンピースを加えてひと煮する。

肉だんごとれんこんの煮物

根菜を使った和風おかずも素早いでき上がり

材料（2人分）

肉だんご…8個
れんこん…200g
さやいんげん…40g
サラダ油…小さじ2
ⓐ
昆布だし（または水）…1カップ
酒…大さじ1
みりん…大さじ1
しょうゆ…大さじ1
砂糖…小さじ1
片栗粉…小さじ½

作り方

1 れんこんは皮をむいて乱切りにし、酢水（酢は分量外）につけてアクを抜き、ざるに上げる。

2 さやいんげんは3cm長さに切る。

3 鍋にサラダ油を熱してれんこんを炒め、全体に油が回ったらⓐを加え、煮立ってから1～2分煮て肉だんごを加え、落としぶたをして中火で煮る。れんこんがほどよくやわらかくなって煮汁が少なくなったら、さやいんげんを加えて煮る。

4 さやいんげんに火が通ったら、片栗粉を水大さじ1で溶いて回し入れ、照りをつける。

アレンジメニュー
肉だんご

肉だんごとパプリカのチーズ焼き

カラフル野菜と肉だんごにチーズをのせてオーブンに

材料（2人分）

肉だんご…8個
パプリカ（赤・黄）…各½個
塩…小さじ½
こしょう…少々
オリーブ油…大さじ1
モッツァレラチーズ…40g

作り方

1 パプリカは一口大の乱切りにする。
2 耐熱皿に1を入れ、塩、こしょう、オリーブ油をまぶし、肉だんごを入れてモッツァレラチーズを散らす。
3 250℃のオーブンで10～15分、チーズに薄く焼き色がついて、パプリカに火が通るまで焼く。

肉だんごの中華風スープ煮

肉だんごのうまみ、白菜とねぎの甘さは相性抜群

材料（2人分）

肉だんご…8個
白菜…300g
長ねぎ…½本
はるさめ…20g
サラダ油…大さじ1
ⓐ
鶏ガラスープの素…小さじ½
しょうゆ…大さじ1
酒…大さじ1
砂糖・塩…各小さじ½
こしょう…少々

作り方

1 白菜は食べやすくざく切りにし、葉先としんに分ける。長ねぎは斜め1cm幅に切る。
2 はるさめは熱湯につけてもどし、食べやすい長さに切る。
3 フライパンにサラダ油を熱して白菜のしんの部分を1～2分炒め、葉先と長ねぎを入れて炒め、全体に油が回ったら水2カップを加えてふたをして煮る。白菜がやわらかくなったら肉だんごとⓐを加えて2～3分煮る。2のはるさめを加えてひと煮する。味見して足りなければしょうゆ少々でととのえる。

ミートソース

point A
みじん切りの野菜はしっとりとした感じになり、軽く色づくまでよく炒める。

point B
最初は木べらを縦に使って、ひき肉の塊を切るようにして、むらなくほぐすのがコツ。

point C
小麦粉を加えるのはとろみをつけるため。粉けが完全になくなるまで炒めること。

point D
フツフツと煮立って煮汁が飛ぶので、やけどに注意。木べらは柄の長いものを。

材料(でき上がり1400g)
牛ひき肉…400g
にんじん…小1本(150g)
玉ねぎ…小1個(150g)
セロリ…½本(50g)
にんにく…小1かけ
小麦粉…大さじ1
トマトの水煮(缶詰)…2缶
固形スープの素…1個
ローリエ…小1枚
タイム(乾燥)…少々
オリーブ油…大さじ3
塩…小さじ2
こしょう…少々
トマトペースト…大さじ1強
*トマトペーストがない場合は、
トマトの水煮を1.5倍にし、煮詰める時間を長くする。

作り方
1 にんじん、玉ねぎ、セロリ、にんにくはみじん切りにする。
2 鍋にオリーブ油を熱し、1を弱火でしんなりするまで炒める(A)。
3 ひき肉を加え、ほぐすようにしてパラパラになるまで炒める(B)。
4 小麦粉をふり入れ(C)、粉っぽさがなくなるまで炒める。
5 トマトの水煮と水1カップを加えて強火で煮て、固形スープの素をほぐして入れ、トマトペースト、ローリエ、タイムも加える。火を弱め(D)、焦げないようにときどきかき混ぜながら20～30分煮詰め、塩、こしょうで味をととのえる。

保存
冷めたら密閉容器に入れ、
冷蔵で1週間。
冷凍で2～3週間。

ベーシックメニュー

スパゲッティミートソース

材料(2人分)と作り方
1 鍋に3ℓの湯を沸かして塩大さじ1を入れ、煮立ったところにスパゲッティ160gを入れ、表示通りゆでてざるに上げ、器に盛る。
2 ミートソース230gを温めてかけ、パルメザンチーズをふる。

お弁当のヒント

パスタをお弁当に

太めのショートパスタ(写真はペンネ)60gを表示通りゆで、ゆで汁をきって、温めたミートソース100gをからめる。表面に筋が入ったパスタは、ソースがよくからんで、お弁当向き。

ひき肉をトマト味で
しっかり煮詰めたミートソースは、
子どもからお年寄りまで
幅広い世代に人気の、
クラシックなパスタソース。
アレンジの豊かさも魅力です。

じゃがいもとミートソースの重ね焼き

じゃがいもは電子レンジの下ごしらえでスピード調理

材料（2人分）

ミートソース…230g
じゃがいも…2個
塩…小さじ½
こしょう…少々
バター…大さじ1
パルメザンチーズ（粉）…大さじ2

作り方

1 じゃがいもは皮をむいて1cm厚さに切り、耐熱容器（グラタン皿）に入れ、塩、こしょうをふってラップをかけ、電子レンジで3分30秒〜4分加熱する。

2 **1** が熱いうちにバターを加えてからめる。

3 **2** にミートソースをかけ、パルメザンチーズをふり、200℃のオーブンで約20分焼く。

ミートパイ

冷凍パイ生地で、煮詰めたミートソースを包んでオーブンに

材料（8個分）

ミートソース…230g
冷凍パイ生地…（18×18cm）4枚
はるさめ…20g
ゆで卵…2個
卵…1個
パセリ（みじん切り）…大さじ2

作り方

1 はるさめはもどさないではさみで3〜4cm長さに切る。ゆで卵は粗めのみじん切りにする。

2 鍋にミートソースを入れて温め、**1** のはるさめを加え、かき混ぜながら半量になるまで煮詰め、あら熱をとって冷蔵庫で冷やす。

3 **2** に **1** のゆで卵とパセリを混ぜ、8等分にする。

4 冷凍パイ生地は半解凍にし、1枚を半分に切る。卵は卵黄と卵白に分ける。

5 **4** のパイ生地の片側に **3** を置き、生地の縁に卵白をぬって反対側の生地をかぶせ、縁をフォークで押さえて閉じる。

6 **5** の表面に卵黄を水大さじ1で溶いてはけでぬり、220℃のオーブンで10〜15分焼く。

ボリューム感のある卵料理を朝のメニューに

ポーチドエッグのミートソースかけ

材料（２人分）

ミートソース…80～100g

卵…２個

パセリ（みじん切り）…少々

作り方

1 卵は小さなボウルなどに１個ずつ割り入れておく。

2 鍋にたっぷりの湯（約４カップ）を沸かし、塩小さじ１（分量外）と湯の３～４％の酢（分量外）を入れ、弱火にして煮立ちがおさまったところへ、**1** の卵を静かに入れ、白身が散らないように箸で寄せながら、１～２分静かにゆでる。白身が固まったら穴杓子でくずさないようにすくい上げ、水けをきって器に盛る。

3 ミートソースを温めて **2** にかけ、パセリを散らす。

アレンジメニュー

ミートソース

オリーブ油で炒めたなすをミートソースで煮るだけ

なすのミートソース煮込み

材料（２人分）

ミートソース…230g

なす…３個

にんにく…１かけ

オリーブ油…大さじ３

塩･こしょう…各少々

作り方

1 なすは縦半分に切り、さらに縦３等分に切る。にんにくはつぶす。

2 フライパンにオリーブ油とにんにくを入れて弱火で熱し、にんにくの香りが立ってきたらなすを加えて中火にして炒め、しんなりしたら、ミートソースを加えてひと煮し、塩、こしょうで味をととのえる。

鶏そぼろ

材料（でき上がり約400g）
鶏ひき肉…400g
ⓐ
- 酒…大さじ３
- みりん…大さじ３
- しょうゆ…大さじ３
- 砂糖…大さじ２

保存
冷めたら密閉容器に入れ、
冷蔵で5～6日間。
冷凍で2～3週間。

作り方

1 鍋に鶏ひき肉を入れ、ⓐの調味料をすべて加え、ざっと混ぜる（A）。

2 そのまま火にかけ、箸３～４本を使って、ひき肉をほぐすようにかき混ぜながら、汁けがなくなるまでじっくりと煮る（B）。

point A
鍋を火にかける前に、ひき肉に調味料をすべて加えておく。

point B
肉から出た水分がなくなり、ポロポロになるまで煮る。

ベーシックメニュー

三色ご飯

材料（1人分）と作り方

1 卵1個をほぐして砂糖小さじ½、塩少々で調味し、ポロポロのいり卵にする。

2 絹さや3枚を色よくゆで、斜め細切りにする。

3 どんぶりにご飯適宜を盛り、表面を平らにし、鶏そぼろ70gといり卵、絹さやをのせる。

お弁当のヒント

三色弁当の盛りつけ

鶏そぼろといり卵を混ざらないようにきれいにのせるには、竹串を使ってはみ出さないようにするとよい。絹さやの細切りは、肉と卵の間に細く盛りつけると、境目がはっきりして彩りもよい。

おなじみの
三色ご飯に欠かせない、
ちょっと甘めの鶏そぼろは、
多めに作っておきましょう。
お弁当やお昼ご飯はもちろん、
ピンチのときの夕飯だって
だいじょうぶです。

そぼろ入り卵焼き

コクのある味わいで、お弁当にも人気の卵焼き

材料（1本分）

鶏そぼろ…100g
卵…4個
ⓐ
- 砂糖…大さじ1½
- 塩…少々
- 薄口しょうゆ…小さじ½
- 酒…大さじ1

三つ葉…2～3本
サラダ油・大根おろし……各適宜

作り方

1 三つ葉は2cm長さに切る。
2 卵は割りほぐし、ⓐを加えて泡立てないように混ぜ、そぼろと**1**を加える。
3 卵焼き器にサラダ油をよくなじませ、**2**の¼量を流し入れて混ぜながら弱火で焼き、半熟状になったら手前に巻き、巻いた卵焼きを向こう側に移す。
4 卵焼き器の手前に油をぬり、残りの卵液の⅓量を流し、向こう側の卵焼きの下にも流し入れ、手前に巻く。残りの液も同様に焼く。
5 **4**が熱いうちに、巻き簀で軽く巻いて形を整える。2cm幅に切り、器に盛って大根おろしを添える。

レタスサラダのそぼろかけ

鶏そぼろとのりの風味で、ご飯にぴったりのサラダ

材料（2人分）

鶏そぼろ…100g
レタス…½個
焼きのり（ちぎったもの）…適宜
ⓐ
- ごま油…大さじ1
- しょうゆ…大さじ1
- 酢…大さじ1
- 塩…小さじ¼
- こしょう…少々

作り方

1 レタスは株のままきれいに洗い、しんをつけたまま4等分のくし形に切り、よく水けをきって器に盛る。
2 ⓐを混ぜ合わせてドレッシングを作る。
3 **1**に**2**を回しかけ、鶏そぼろとのりを散らす。

じゃがいものそぼろあんかけ

じゃがいもの煮物にそぼろあんでボリューム感をプラス

材料（2人分）

鶏そぼろ…100g

じゃがいも…2個

だし汁…1カップ

ⓐ
- 酒…小さじ2
- みりん…小さじ2
- しょうゆ…小さじ2
- 砂糖…小さじ1

片栗粉…小さじ½

あさつき（小口切り）…適宜

作り方

1 じゃがいもは皮をむいて大きめの一口大に切る。

2 鍋に**1**とだし汁を入れて火にかけ、煮立ったらⓐの調味料を入れ、落としぶたをして、中火でじゃがいもが九分どおりやわらかくなるまで煮る。

3 **2**に鶏そぼろを加えて3分くらい煮る。

4 煮汁が⅓量くらいになったら、小さじ1の水で溶いた片栗粉でとろみをつける。

5 器に盛り、あさつきをふる。

アレンジメニュー

鶏そぼろ

そぼろのディップトースト

鶏そぼろをマヨネーズであえてディップ風。手軽なおかずパンに

材料（2人分）

鶏そぼろ…150g

食パン（8枚切り）…2枚

玉ねぎ（みじん切り）…¼個

マヨネーズ…¼カップ

パセリ（みじん切り）…大さじ1

作り方

1 玉ねぎは水にさらして水けをきり、ペーパータオルに包んで水けをぎゅっと絞る。

2 ボウルに**1**と鶏そぼろ、パセリを入れ、マヨネーズと混ぜ合わせる。

3 食パンに**2**をたっぷりのせ、トーストして食べやすい大きさに切る。

野菜入りハンバーグ

材料（8個分）

ⓐ
- 合いびき肉…300g
- 玉ねぎ（みじん切り）…½個
- 生パン粉…¾カップ
- 牛乳…大さじ5
- 塩…小さじ½
- こしょう…少々

にんじん…⅓本
じゃがいも…½個
さやいんげん…40g
サラダ油…大さじ2

保存
冷めたら密閉容器に入れ、
冷蔵で3～4日間。冷凍で2～3週間。

作り方

1 にんじん、じゃがいもはそれぞれ皮をむいて5㎜角に切る。さやいんげんは5㎜幅に切る。

2 鍋にたっぷりの水、塩少々（分量外）とにんじんを入れて火にかけ、時間をおいてじゃがいも、さやいんげんの順に鍋に入れ、全体に均一に火を通し、ざるに上げてあら熱をとる。

3 ボウルにⓐを入れて手でよく混ぜ合わせ、**2**を加えてさらによく混ぜる（A）。8等分にし、両手でキャッチボールをするようにして中の空気を抜き、楕円形に整える。

4 フライパンにサラダ油を熱し、**3**を入れて両面を焼いて火を通す（B）。肉の中央を押してみて、弾力があり、澄んだ汁が出てきたら中まで火が通っている。

point A
ゆでた野菜は、しっかり水けをきってからハンバーグの種に加える。

point B
中火で1～2分焼いてきれいな焼き色がついたら裏返し、やや弱火でさらに2～3分焼いて中まで火を通す。

盛りつけ

ハンバーグのフライドポテト添え

焼きたてのハンバーグは器に盛り、パセリ、フライドポテトを添え、トマトケチャップと粒マスタードを同量ずつ混ぜたソースをかける。フライドポテトは、じゃがいもを1㎝角の拍子木切りにして、170度の揚げ油でじっくりと揚げ、揚げたてに塩をふる。

お弁当のヒント

ハンバーグドッグ

ドッグ用パンに切り目を入れてバターをぬり、半分に切った野菜入りハンバーグをサラダ菜とともにはさむ。トマトケチャップと粒マスタードを混ぜたソースをかける。1本ずつラップで包んでパンが乾かないようにする。

野菜嫌いのお子さんにおすすめのハンバーグ。
つけ合わせの野菜を用意する手間も、省けます。
作りおきしたものは、
肉だんごと同じようなアレンジでお楽しみください。

ミートローフ

ミートローフは、焼きたてよりも時間をおいたほうがおいしい、作りおきに最適。

材料（19×8.5×6.5cmの型１台分）

合いびき肉…600g
玉ねぎ（みじん切り）…1/2個（100g）
サラダ油…小さじ２
生パン粉…１カップ
牛乳…2/3カップ
パセリ（みじん切り）…大さじ１
塩…小さじ１
こしょう・ナツメグ…各少々

保存
冷めて焼き汁がすっかりしみ込んでから、ラップでぴったりと包んで保存袋に入れ、冷蔵で３〜４日間。冷凍で２〜３週間。

作り方

1 フライパンにサラダ油を熱し、玉ねぎをしんなりするまで炒め、あら熱をとる。

2 ボウルに合いびき肉と**1**の玉ねぎ、残りの材料全部を入れ、手でよく混ぜ合わせる。

3 型に油（分量外）をぬって**2**を詰め、軽くとんとんと落として表面を平らにならし、オーブンの天パンにのせる。

4 220度に熱したオーブンで50分〜１時間焼く。竹串で中心を刺して、澄んだ汁が出てくれば中まで火が通っている。

5 焼き型にたまった肉汁をはけでぬり、型に入れたままおいてしみ込ませる（A）。

point A
出てきた焼き汁をしっかりしみ込ませないと、パサパサしてしまう。

盛りつけ

簡単手づくりソースで

2cm厚さに切って器に盛り、クレソンをあしらう。ケチャップ、ウスターソース、粒マスタードを同量ずつ合わせたソースを添える。

のし鶏

おせち料理でおなじみののし鶏も、立派な常備菜。みその風味がポイントです。

材料（でき上がり20×10×3㎝）

鶏ひき肉…600g

ⓐ
- 砂糖…大さじ2
- 酒…大さじ2½
- しょうゆ…大さじ1½

ⓑ
- 西京みそ…100g
- みりん…大さじ1
- しょうゆ…大さじ1
- 砂糖…大さじ1

生パン粉…¾カップ

けしの実…適宜

みりん…少々

保存

冷めたらラップでぴったりと包み、保存袋に入れ、冷蔵で4～5日間。冷凍で2～3週間。

作り方

1 鍋に鶏ひき肉400gとⓐを入れて火にかけ、箸3～4本を使ってかき混ぜながらそぼろにする。

2 すり鉢に1を入れてよくすり、あら熱をとる。

3 2に残りの鶏ひき肉200gを加え、さらによくすり混ぜ、ⓑ、生パン粉の順に加えてすり混ぜる。

4 クッキングシートに3を置き、約20×10×3㎝に形を整え(A)、クッキングシートごと天パンにのせ、200度のオーブンで15～20分焼き、表面にみりんをぬってけしの実を散らし、さらに約5分焼く。

point A

シートを持ち上げて外側から押さえると縁がきれいになる。

趣は和風ミートローフ

食べやすい大きさに切って、器に盛り、色よくゆでたオクラを添える。

盛りつけ

しぐれ煮はしっかり味をつけたつくだ煮風の煮物。お弁当にはそのままご飯の上にのせたり、おにぎりにして。

牛肉のしぐれ煮

作り方

1 牛肉は一口大に切る。

2 鍋にⓐを入れて火にかけ、煮立ったら牛肉をほぐしながら入れ（A）、しょうがを散らし（B）、煮汁がなくなるまで煮る。

point A

牛肉はうまみが逃げないように、必ず煮汁が煮立ったところに入れる。

point B

しょうがは風味づけと、肉のくさみ消しとしても、欠かせない。

材料（作りやすい分量）

牛もも薄切り肉…200g

しょうが（薄切り）…5～6枚

ⓐ
- 砂糖…大さじ1⅓
- 酒…大さじ1⅓
- しょうゆ…大さじ1⅓

保存

冷めたら密閉容器に入れ、冷蔵で4～5日間。冷凍で2～3週間。

肉じゃが風煮物

牛肉のしぐれ煮は、じゃがいもと玉ねぎに火が通ってから加えます

作り方

1 じゃがいもは皮をむいて4～6つに切る。玉ねぎは1cm幅のくし形に切る。

2 さやいんげんは3～4cm長さに切る。

3 鍋にサラダ油を熱し、じゃがいもを炒め、表面に薄く焼き色がついたら玉ねぎを加えてしんなりするまで炒める。

4 3にⓐを加え、落としぶたをして中火で10分くらい煮、牛肉のしぐれ煮を加え、さらに5分くらい、全体に味がなじむまで煮て、仕上げにさやいんげんを加えて2～3分煮る。

材料（2人分）

牛肉のしぐれ煮…160g
じゃがいも…2個
玉ねぎ…1個
さやいんげん…20g
サラダ油…大さじ½
ⓐ
- だし汁…1カップ
- 酒…大さじ1
- みりん…大さじ1
- しょうゆ…大さじ1

アレンジメニュー

牛肉の八幡巻き

八幡巻きは、ごぼうをしんにあなごやうなぎで巻いた料理。最近は牛肉で巻いたものも人気です。おせち料理としてもどうぞ。

作り方

1 ごぼうは洗って皮をこそげ、肉の幅に合わせて約8cm長さに切り、縦6〜8等分に割り、水に5分ほどつけてアクを抜く。

2 ⓐを鍋に合わせて**1**の水けをきって加え、中火で落としぶたをし、歯ごたえが残る程度に煮て、あら熱をとる。

3 牛肉を広げて**2**のごぼうを4本置き、しっかりと巻く。

4 フライパンにサラダ油を熱し、**3**の巻き終わりを下にして入れ(A)、転がしながらまんべんなく焼き色をつける。

5 ⓑを合わせて回し入れ、火を強めて煮汁をからめるようにして照りをつける。

point A

最初に肉の巻き終わりに火を通してしっかり固めておくと、ほどけてこない。

材料(作りやすい分量)

牛もも薄切り肉…200g
ごぼう…1本(200g)

ⓐ
- だし汁…½カップ
- 酒…大さじ½
- 砂糖…大さじ½
- しょうゆ…大さじ½

ⓑ
- 酒…大さじ1
- みりん…大さじ1
- しょうゆ…大さじ1
- 砂糖…小さじ1

サラダ油…小さじ2

保存
冷めたら密閉容器に入れ、冷蔵で3日間。冷凍で2〜3週間。

盛りつけ

一口大に切りそろえて

八幡巻きは冷めてから一口大に切り、切り口を見せるように盛りつける。彩りにししとうをサラダ油で炒め、塩、こしょうしたものをあしらう。

アレンジメニュー

ごぼうの混ぜずし

八幡巻きが少し残ったら、ごぼう風味を生かした手軽な混ぜずしに

材料(2人分)

牛肉の八幡巻き(1本40g)…3本
青じその葉…5枚
しょうがの甘酢漬け…30g
温かいご飯…450g
すし酢…大さじ2
いり白ごま…大さじ1

作り方

1 八幡巻きは小口から5㎜幅に切る。青じそは細切りにし、しょうがの甘酢漬けはせん切りにする。

2 ご飯にすし酢を混ぜて、白ごまを加えて、**1**の材料を軽く合わせる。

豚薄切り肉に下味をつけ、
カリッと揚げましょう。
揚げたてはそのままカリカリと、
翌日は煮物でコクのあるおいしさを。

豚肉のカリカリ揚げ

材料（作りやすい分量）

豚肩ロース薄切り肉…300g

ⓐ
- 酒…大さじ１
- しょうゆ…大さじ1½
- しょうがの絞り汁…大さじ½

片栗粉…大さじ５～６

揚げ油…適宜

保存

冷めたら密閉容器に入れ、冷蔵で３日間。冷凍で２～３週間。

point **A**

豚肉は広げて片栗粉をむらなくまぶし、余分な粉を払い落とすのが、カリッとさせるポイント。

作り方

1 豚肉は６～７cm幅に切り、ⓐをまぶして５分ほどおき、下味をつける。

2 **1**の汁けをきって、片栗粉をまぶす（A）。

3 揚げ油を170度に熱して**2**の豚肉を１枚ずつ入れ、返しながらカリッとするまで揚げる。

豆腐と揚げ豚のさっと煮

肉豆腐を揚げ豚バージョンで。肉に照りが出てワンランクアップのおかず

材料（２人分）

豚肉のカリカリ揚げ…100g
木綿豆腐…½丁
長ねぎ…１本（100g）

ⓐ
- 昆布だし（または水）…１カップ
- 酒…大さじ１
- みりん…大さじ１
- しょうゆ…大さじ１

作り方

1 豆腐はやっこに切る。長ねぎは３cm長さの斜め切りにする。

2 鍋にⓐを合わせて煮立て、豆腐を入れて弱めの中火で静かに１～２分煮、豆腐のわきに長ねぎと豚肉のカリカリ揚げを入れてさらに２～３分煮る。

アレンジメニュー

盛りつけ

せん切りキャベツがぴったり

豚肉のカリカリ揚げは、キャベツのせん切りをたっぷり用意していっしょに盛りつけ、あさつきの小口切り少々をふる。好みでレモン汁やマヨネーズなどをかけてもおいしい。

蒸し鶏

作り方

1 浅めの耐熱容器に鶏もも肉を入れ、ⓐの調味料をふり、香味野菜をのせて、ラップをふんわりとかける（A）。

2 1を電子レンジに6～7分かけ（B）、ラップをしたままで、あら熱がとれるまでしばらく置く（C）。

材料（作りやすい分量）

鶏もも肉 … 2枚（約500g）

ⓐ
- 塩 … 小さじ½
- 酒 … 大さじ1
- 長ねぎ（ぶつ切り）…適 宜
- しょうが（薄切り）… 適宜

保存

冷めたら蒸し汁ごと密閉容器に入れ、冷蔵で3～4日間。冷凍で2～3週間。

point A

鶏肉が重ならないように、平たくて底の広い耐熱容器を用いる。

point B

鶏肉の重さによって、電子レンジの加熱時間はかげんする。

point C

余熱で中まで熱が入るので、あら熱がとれるまでラップはしたままにしておく。

ベーシックメニュー

蒸し鶏のねぎ油かけ

材料（2人分）と作り方

1 フライパンにサラダ油大さじ1を熱し、花椒《ホアジャオ》少々を入れて弱火で香りを出すように炒め、長ねぎのみじん切り大さじ3を加えて炒め合わせ、塩小さじ½とこしょう少々で味をととのえる（花椒がない場合は、粉山椒少々をここで加える）。

2 温めた蒸し鶏1枚を食べやすく切り分け、器に盛って**1**をかける。

お弁当のヒント

甘辛味の煮物にして

すでに火が通っている蒸し鶏を使うと、鶏肉の照り煮が手早くできる。蒸し鶏70gを一口大に切って、サラダ油少々で炒め、みりん、しょうゆ、砂糖各小さじ1を合わせたものを加え、煮詰めて味をからめる。

アレンジメニューが豊富な蒸し鶏は、
電子レンジで作りましょう。
3日たってもパサつかず、
ふっくらジューシーな味わい。
香りづけのねぎとしょうがは、
くず野菜でOKです。

簡単棒棒鶏

きゅうりと冷やした蒸し鶏をごまだれであえて、手軽ななじみの味

材料(2人分)

蒸し鶏…1枚
きゅうり…1本
塩…小さじ¼
ⓐ
- 練り白ごま…小さじ2
- 砂糖…小さじ1
- しょうゆ…大さじ1
- 酢…小さじ1
- ごま油…小さじ1

作り方

1 きゅうりはすりこ木などで軽くたたいて割れ目を入れ、縦四つ割りにし、さらに4～5cm長さに切る。ボウルに入れて塩をふり、10分ほどおいてざるに上げ、水けをきる。

2 蒸し鶏は5mm厚さに切る。

3 ごまだれを作る。ⓐの練りごまと砂糖を混ぜ合わせ、しょうゆ、酢を加えて溶きのばし、最後にごま油を加え混ぜる。

4 1と2をごまだれであえる。

アレンジメニュー

蒸し鶏

蒸し鶏ともやしのからしあえ

蒸し鶏のコク、野菜の歯ざわりを爽快な辛みであえます

材料(4人分)

蒸し鶏…100g
きゅうり…1本
もやし…½袋(150g)
ⓐ
- 練りがらし…小さじ1
- 酢…大さじ1
- 砂糖…小さじ1
- 塩…小さじ½

作り方

1 蒸し鶏は1cm角に切る。

2 きゅうりは小口切りにし、塩水(塩は分量外)にしばらく浸し、しんなりしたら水けを絞る。

3 もやしはひげ根を取り、熱湯に塩少々(分量外)を入れた中でゆで、ざるに上げて水けをきる。

4 ⓐを混ぜ合わせ、1、2、3をあえる。

鶏がゆ

白がゆに蒸し鶏と薬味をのせるだけで、おなかにやさしく滋養豊かな一品

材料(2人分)

蒸し鶏…60g
米…90㎖
塩…少々
干しえび…大さじ1
ごま油…適宜
しょうが(せん切り)…適宜
細ねぎ(小口切り)…適宜

作り方

1 米は洗って鍋に入れ、水630㎖を加えて30分おく。

2 **1**の鍋をふたをしないで強火にかけ、煮立ったら全体を混ぜ、ふたをして弱火で約30分炊き、塩で味をととのえる。

3 蒸し鶏は薄切りにする。

4 干しえびは水に5分ほど浸して水けをふき取り、みじん切りにする。小さめのフライパンにごま油小さじ1を熱して炒める。

5 器に**2**を盛って**3**をのせて**4**を散らし、ごま油少々をふる。しょうがと細ねぎを添える。

中華風冷ややっこ

蒸し鶏と中華風のたれがあれば、いつもと違うごちそう冷ややっこ

材料(2人分)

蒸し鶏…100g
木綿豆腐…1丁
ミニトマト…2個
ザーサイ(みじん切り)…小さじ2
長ねぎ(みじん切り)…大さじ1
しょうが(みじん切り)…小さじ2

ⓐ
- しょうゆ…大さじ1
- 酢…大さじ1
- ごま油…大さじ½
- 塩…少々

作り方

1 豆腐は厚みを半分に切る。

2 蒸し鶏は皮を取り除いて小さく裂き、トマトは1㎝角に切る。

3 ⓐを混ぜ合わせてたれを作る。

4 器に**1**の豆腐を盛り、蒸し鶏をのせてトマト、ザーサイ、長ねぎ、しょうがを散らし、**3**のたれをかける。

鶏のから揚げ

材料（作りやすい分量）

鶏もも肉…２枚

ⓐ
- 酒…大さじ２
- しょうゆ…大さじ２
- しょうがの搾り汁…小さじ１

溶き卵…小１個分

片栗粉…大さじ５～６

揚げ油…適宜

保存
冷めたら密閉容器に入れ、
冷蔵で３～４日間。
冷凍で２～３週間。

作り方

1 鶏肉は皮の下にある黄色い脂肪を取り除き、白い筋をところどころ切り（A）、４㎝角くらい切る。

2 **1**をボウルに入れてⓐを加え、手でていねいにもみ込み、ラップをかぶせて常温に30分くらいおき、味をしみ込ませる（B）。

3 揚げる直前に**2**の汁けをよくきって、溶き卵を加えてもみ、片栗粉をふり入れてつかむようにもみ込む（C）。全体にドロッとした感じになる。

4 揚げ油を160～170度に熱し、**3**を一つずつくっつかないように入れ、表面が固まってきたら、箸で静かに混ぜながら揚げる。

5 油のはねる音が小さくなり、きつね色になって浮いてきたら、油の温度を180度に上げ、15秒ほどしたら引き上げ（D）、油を十分にきる。

point A
白い筋を切っておくと、揚げあがりがふっくらとして、やわらかくなる。

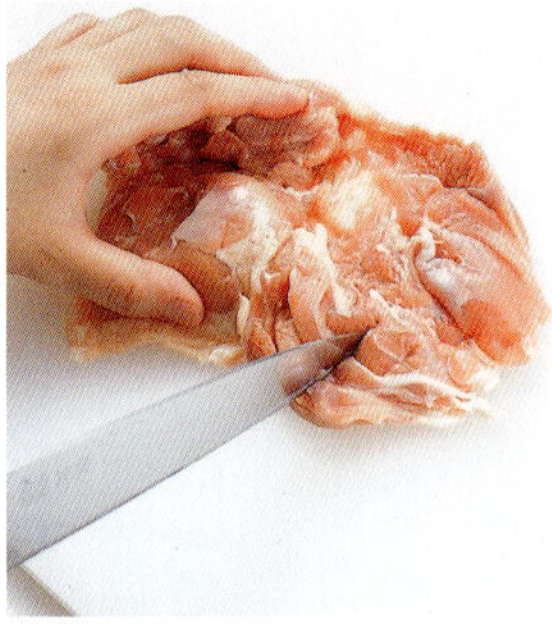

point B
ここで30分くらい時間をおくことで、味のしっかりついたから揚げになる。

point C
衣の卵と片栗粉はよくもみ込んで、揚げあがりをジューシーに。

point D
最後に揚げ油の温度を上げて、から揚げの表面をカラッとさせる。

お弁当のヒント

天むす風にアレンジして

から揚げ弁当に飽きたら、から揚げおむすびで見た目の変化を。鶏のから揚げを三角形の頂点になるようにして、にぎるだけ。ご飯には青じその粗みじん切りといりごまを混ぜて風味を補って塩はややきつめが合う。

子どもから大人まで
大好きな鶏のから揚げは、
いつも冷蔵庫に常備しておきたいおかず。
途中で油の温度を上げて、
衣をからりと仕上げてあるので、
できたてもぜひ食べてみて。

から揚げのかき玉あん

上品なかき玉あんをたっぷりかければ、肉の和風おかず

材料（2人分）

鶏のから揚げ…150g
長ねぎ…¼本（20g）

ⓐ
- 昆布だし（または水）…1 カップ
- 酒…小さじ 2
- みりん…小さじ 1
- 薄口しょうゆ…小さじ 2

片栗粉…小さじ 2
溶き卵…1 個分

作り方

1 長ねぎは斜め薄切りにする。

2 かき玉あんを作る。鍋にⓐを合わせて煮立て、水大さじ 2 で溶いた片栗粉を加え混ぜてとろみをつけ、弱火にしてすぐに溶き卵を箸に沿わせて糸状にして流し入れ、**1** を加えてひと混ぜする。

3 器に鶏のから揚げを盛って、**2** をかける。

＊鶏のから揚げが冷えている場合は、電子レンジで加熱して温めておく。

甘酢から揚げ

野菜とともに甘酢あんでとじて、ご飯がすすむ酢豚風

材料（2人分）

鶏のから揚げ…200g
玉ねぎ…½個
にんじん…⅓本
ピーマン…2 個
サラダ油…大さじ 1

ⓐ
- しょうゆ…大さじ1⅓
- 酢…大さじ1⅓
- 砂糖…大さじ1⅓
- 水…大さじ 4
- 片栗粉…小さじ1⅓

作り方

1 玉ねぎは 1cm厚さのくし形切り、にんじんは 5mm厚さの半月切り、ピーマンは乱切りにする。

2 ⓐをよく混ぜ合わせておく。

3 フライパンにサラダ油を熱し、にんじん、玉ねぎ、ピーマンの順に入れて炒め、全体に油が回ったら **2** を加え、手早くかき混ぜ、とろみがついたら鶏のから揚げを加えてからめる。

＊鶏のから揚げが冷えている場合は、電子レンジで加熱して温めておく。

揚げ鶏の親子丼

から揚げで作る親子丼は、コクとボリューム感がアップ

材料(2人分)

鶏のから揚げ…120g
ご飯…どんぶり2杯分
三つ葉…10g
玉ねぎ…½個
ⓐ だし汁…½カップ
　酒…大さじ2
　みりん…大さじ2
　しょうゆ…大さじ2
卵…2個

作り方

1 玉ねぎは横1cm幅に切る。三つ葉は2cm長さに切る。
2 鶏のから揚げは1個をそれぞれ半分に切る。
3 卵は割りほぐしておく。
4 浅鍋にⓐを合わせて煮立て、玉ねぎを入れて1分ほど煮る。鶏のから揚げを散らし入れ、卵を回し入れて箸で軽く混ぜ、ふたをして10～15秒ほど火を通し、半熟状になったら三つ葉を散らして、すぐに火を止める。
5 どんぶりにご飯を盛って、**4**を半量ずつのせる。

アレンジメニュー
鶏のから揚げ

から揚げのポン酢サラダ

から揚げを苦みのある野菜と盛り合わせて、さっぱりと

材料(2人分)

鶏のから揚げ…100g
スプラウト…1パック
ルッコラ…2株
ラディッシュ…2個
ポン酢しょうゆ…適宜

作り方

1 スプラウトは根を切り落とし、ルッコラは食べやすい長さに切り、ラディッシュは薄い輪切りにする。合わせて冷水に放し、シャキッとさせる。
2 器に鶏のから揚げと水けをきった**1**を盛り合わせ、ポン酢しょうゆをかける。

ゆで豚

材料（作りやすい分量）

豚肩ロース塊肉…1kg
長ねぎ（青い部分）…1本
しょうが（薄切り）…1かけ
塩…小さじ½

保存

冷めたらゆで汁ごと密閉容器に入れ、冷蔵で3～4日間。冷凍で2～3週間。
または肉だけラップでぴったりと包んで保存袋に入れ、冷蔵で3～4日間。冷凍で2～3週間。

作り方

1 豚肉は鍋に入れてかぶるくらいの水（約7カップ）を注ぎ、強火にかける。

2 沸騰してアクが出てきたら取り除き（A）、長ねぎ、しょうが（B）、塩を加え、弱火にして、ふたをして約1時間ゆでる。肉に竹串を刺して透明な汁が出てくるようになったら、中まで火が通っている（C）。

3 ゆで汁に入れたまましばらくおき、あら熱をとる。

point A

表面に浮いたアクはまめに取り除く。

point B

ねぎもしょうがも肉のくさみ取りのためなので、くず野菜でよい。

point C

竹串を刺してすーっと通り、透明な汁が出てくればゆであがり。

ゆで豚の薬味ソース

ベーシックメニュー

材料（2人分）と作り方

1 ゆで豚200gはあら熱がとれたら薄切りにして器に盛り、長ねぎのみじん切り大さじ3としょうがのみじん切り大さじ1をふる。

2 しょうゆ大さじ2、酢大さじ1、ごま油・砂糖・豆板醤・にんにくのみじん切り各小さじ1を合わせたたれをかける。

お弁当のヒント

みそ味の炒め物にして

ゆで豚50gを細切りにし、ピーマン（赤・緑）各½個の細切りとともにサラダ油少々でさっと炒め、みりん・みそ・砂糖・しょうゆ各小さじ1を合わせたものを加えて味をからめる。お弁当には濃いめの味が合う。

シンプルな塩味でゆでた豚肉は、
そのままスライスしてたれで食べてよし、
炒め物に、あえ物にと大活躍。
薄い塩味なので、
バラエティーに富んだ味つけが可能です。

ゆで豚とはるさめの中華サラダ

からし風味の中華ドレッシングが、ゆで豚とはるさめにぴったり

材料（2人分）

ゆで豚…100g
はるさめ…40g
香菜…1パック
ⓐ
- 練りがらし…小さじ⅔
- 酢…大さじ1
- しょうゆ…大さじ1
- 塩…少々
- ごま油…小さじ1

作り方

1 はるさめは熱湯でもどし、ざるに上げて食べやすい長さに切る。
2 ゆで豚は細切りにする。香菜は5cm長さくらいに切る。
3 ⓐを合わせて、たれを作る。
4 1と2を混ぜ合わせて器に盛り、3のたれをかける。

ゆで豚のみそ炒め

人気の中華メニュー、ホイコーローをカラフル野菜たっぷりで

材料（2人分）

ゆで豚…150g
キャベツ…2枚
ピーマン（赤・緑）…各1個
にんにく…½かけ
しょうが（薄切り）…2〜3枚
サラダ油…大さじ1
豆板醤…小さじ½
甜面醤…小さじ2
酒…小さじ1
しょうゆ…大さじ⅔
塩・こしょう…各少々

作り方

1 ゆで豚は薄切りにして一口大に切る。
2 キャベツも同様の大きさに切り、水に放してシャキッとさせ、炒める直前にざるに上げて水けをきる。
3 ピーマンも一口大に切る。にんにくはつぶしておく。
4 フライパンにサラダ油を熱し、にんにく、しょうが、豆板醤を中火で炒め、香りが出てきたらキャベツ、ピーマンを入れて強火で炒め、1のゆで豚を加えて炒め合わせる。
5 4に甜面醤、酒、しょうゆ、塩、こしょうを加えて調味する。

ゆで豚と野菜のマリネ

熱いドレッシングを野菜とゆで豚にかけ、しんなりしたらできあがり

材料（2人分）

ゆで豚…150g
玉ねぎ…1/2個
にんじん…1/4本
セロリ…50g
細ねぎ（小口切り）…大さじ1

ⓐ
- しょうゆ…大さじ1
- 酢…大さじ1
- オイスターソース…大さじ1/2
- 砂糖…小さじ1
- こしょう…少々
- 水…大さじ2
- 豆板醤…小さじ1/2

作り方

1 ゆで豚は薄切りにする。
2 玉ねぎは薄切り、にんじん、セロリは4cm長さの短冊切りにする。
3 1と2を合わせてボウルに入れておく。
4 ⓐを小鍋に合わせてひと煮し、熱いうちに3に回しかけ、細ねぎを加えてザッと混ぜる。

アレンジメニュー
ゆで豚

ゆで豚と水菜のわさびじょうゆ

ゆで豚はあくまで脇役。主役はシャキシャキした水菜で

材料（2人分）

ゆで豚…100g
水菜…1/3束

ⓐ
- わさび…小さじ1 1/2
- しょうゆ…大さじ1
- 酢…大さじ1/2

作り方

1 水菜はきれいに洗って5cm長さに切り、水に放してシャキッとさせ、水けをよくきる。
2 ゆで豚は一口大の薄切りにする。
3 ⓐを混ぜ合わせてかけ汁を作る。
4 器に水菜とゆで豚を混ぜて盛り合わせ、3をかける。

焼き豚

材料(作りやすい分量)

豚もも塊肉…1kg
長ねぎ(青い部分のぶつ切り)…1本
しょうが(薄切り)…1かけ

ⓐ
- 塩…小さじ1½
- 砂糖…大さじ4
- 甜面醤…大さじ2
- しょうゆ…大さじ1
- 酒…大さじ1
- 五香粉《ウーシャンフェン》…少々
- 溶き卵…½個分

保存
冷めたらラップでぴったりと包み、保存袋に入れて冷蔵で1週間。冷凍で2〜3週間。

作り方

1 豚肉は繊維に沿って、太さ6〜7㎝に切り分ける。

2 1をビニール袋に入れ、長ねぎとしょうが、ⓐをすべて(A)加え、冷蔵庫で2〜3時間おいて下味をつける。途中手でもんでむらなく味をつける(B)。冷蔵庫から出して1時間おき、常温に戻す。

3 天パンに焼き網をのせ、2の汁けをきって並べ、250度に熱したオーブンに入れ、約20分焼く。途中、2〜3回、肉のつけ汁をはけでぬり、色よく照りが出るように焼く(C)。

point A
焼き豚の味を決めるのはつけ汁。溶き卵を加えると肉にからみやすい。

point B
味と色にむらが出ないように、袋ごと手でしっかりもむようにする。

point C
つけ汁をぬると肉が焦げやすくなるので、様子を見ながら焼く。

お弁当のヒント

中華サンドにして

白くてふわふわのピタパンに、薄切りの焼き豚をしらがねぎ、香菜とともにはさむと、チャイニーズサンドに。甘めの甜面醤をソース代わりにかけるとより本格的。

盛りつけ

しらがねぎと香草を添えて

焼き豚は食べる直前に(切って時間をおくと肉が乾きやすい)4〜5㎜厚さに切って器に盛り、しらがねぎと香草を添える。しらがねぎは、長ねぎの白い部分を5㎝長さのぶつ切りにし、縦に切り目を入れて開き、しんの部分は除いて重ね、縦にせん切りにして水にさらしたもの。

コクのある甘さと香ばしさ、
風味のよさが魅力の本格焼き豚。
冷蔵庫に常備してあれば、
家庭で作るラーメンやチャーハンも、
ぐんとグレードアップするでしょう。

豚の黒酢煮

黒酢のコクのある酸味とうまみは、豚肉と相性抜群。ジューシーな肉のおいしさを楽しめます。ゆで卵をいっしょに煮ておくと、お弁当にも重宝。

材料(作りやすい分量)

豚肩ロース塊肉…1kg
長ねぎ(ぶつ切り)…10cm
しょうが(薄切り)…5～6枚
酒…$\frac{3}{4}$カップ
しょうゆ…大さじ6
黒酢…大さじ5
砂糖…大さじ3
ゆで卵…4～5個

保存
冷めたら煮汁ごと密閉容器に入れ、冷蔵で4～5日間。冷凍で2～3週間。卵は冷凍しないで冷蔵期間中に食べる。

作り方

1 豚肉はたこ糸で巻き(A)、鍋に入れて水3カップと長ねぎ、しょうがを加えて強火にかける。

2 煮たってきたらアクを取り除き、酒としょうゆを加え、ふたをして弱火で約1時間煮て、黒酢を加えて(B)5分ほど煮る。

3 豚肉に竹串を刺して、透明な肉汁が出てきたら、砂糖と殻をむいたゆで卵を加え、ふたをせずに煮汁が約$\frac{1}{3}$量になるまで、肉と卵に煮汁をかけながら煮つめる。

レタスの温サラダ

おいしい煮汁をゆでレタスにかけて、無駄なく利用。もちろん肉を加えてもOK。

材料（2人分）

豚の黒酢煮の煮汁…大さじ3
レタス…½個
塩・ごま油…各少々

作り方

1 レタスはしんをつけたまま4つのくし形に切る。

2 鍋にたっぷりの湯を沸かし、塩とごま油を加え、レタスを湯通しする程度にさっとゆで、ざるに上げて水けをきる。

3 温かいうちに器に盛り、豚の黒酢煮の煮汁をかける。

アレンジメニュー

盛りつけ

ゆで卵の黄身で鮮やかに

豚の黒酢煮は好みの厚さに切り、卵は半分に切って盛りつけ、煮汁をかける。卵の黄身の鮮やかな色が料理を明るく見せる。好みでしらがねぎをあしらってもよい。

point A

塊肉は煮あがりの形がくずれないように、たこ糸でしっかり巻く。

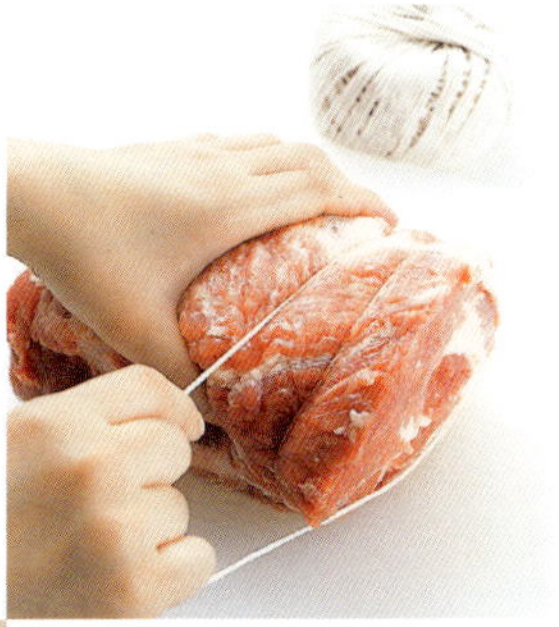

point B

黒酢を加えることで、独特のコクとうまみがプラスされて、味わい深くなる。

豚の角煮

材料（４人分）

豚バラ塊肉…1kg
しょうが（薄切り）…1 かけ
酒…1½カップ
しょうゆ…80㎖
みりん…⅔カップ
砂糖…大さじ 1

保存
冷めたら煮汁ごと密閉容器に入れ、冷蔵で４～５日間。冷凍で２～３週間。

作り方

1 豚バラ肉は6～7㎝角に切って鍋に入れ、かぶるくらいのたっぷりの水を加え、蒸気が逃げるようにふたを少しずらしてかけ、強火にかける。

2 沸騰したら中火以下の火かげんにして約1時間半ゆでる（A）。ゆで汁1½カップは残しておく。

3 **1**の豚肉をゆで汁から取り出し、別鍋にたっぷりの湯を沸かして熱いうちに入れ、洗うようにして脂とアクを取り、ざるに上げて水けをきる（B）。

4 鍋に**3**の豚肉を並べ、しょうがを散らし、**2**のゆで汁1½カップと酒を加え、弱火で約30分煮て、しょうゆ、みりんを加えてさらに30～40分、煮汁が半量くらいになるまで煮る。最後に砂糖を加えて5分くらい煮る（C）。

盛りつけ

溶きがらしがポイント

チンゲンサイは緑の葉を切り落とし、しんをつけたまま くし状に6等分に切り、熱湯に塩少々を入れた中でさっとゆでる。器に豚の角煮を盛ってゆでたチンゲンサイを添える。角煮によく合う溶きがらしをのせる。

point A
バラ肉はしっかり下ゆでして、余分な脂とアクを出す。

point B
肉の表面についた脂とアクを、きれいな熱湯で洗い流す。

point C
砂糖を早くから入れると、肉がしまってかたくなりやすい。

赤身と脂が層になった豚バラ肉を、じっくり下ゆでし、
甘辛の味で煮含めます。脂っぽさはなく、
しかもとろけるようなうまみ、これが持ち味です。

牛肉の鍋ロースト

point A

必ず常温に戻し、焼く直前に塩をこすりつける。

point B

最初に肉の表面を軽く焼き固めて、肉汁が出ないようにしてから、香味野菜を入れる。

point C

熱が肉の下からだけでなく、周囲全体から包み込むように伝わるように、ふたをする。

point D

ブランデーに点火しなくてもフライパンの火かげんを強くすればアルコール分がとぶ。

作り方

1 牛肉は早めに冷蔵庫から出して常温に戻しておき、たこ糸で巻き、焼く直前に塩、こしょうする（A）。

2 フライパンにサラダ油を熱し、1の肉を入れてふたをし、弱火で肉の表面をゆっくり焼く。5分くらいしたら少しずつ返すようにして表面全体に薄い焼き色をつける。

3 肉のまわりに玉ねぎとにんじんを置き（B）、ふたをして野菜の水分が出ない程度の中火からやや弱火で25～30分焼く（C）。途中、5分ごとにふたを取って肉を返し、野菜も焦げすぎないように返す。肉の中心に竹串を刺して5秒ほどおき、取り出した竹串の先がなま温かくなっていたら焼きあがり。

4 ブランデーを肉に回しかけ、火を強めてアルコール分をとばす（D）。

5 肉を取り出し、アルミホイルで包んでしばらくおく。

グレービーソース

肉を取り出した後のフライパンの脂を捨て、残った香味野菜（野菜がきつね色に炒まってなかったら炒める）に水⅔カップを加え、フライパンを洗うようにしながら煮たてる。野菜ごと濾して鍋にあけ、塩、こしょう各少々で調味する。

材料（4人分）

牛もも塊肉…500g
塩…小さじ1
こしょう…少々
サラダ油…大さじ1
玉ねぎ（薄切り）…½個
にんじん（薄切り）…½本
ブランデー…大さじ1

保存

冷めたらラップでぴったりと包み、保存袋に入れて、冷蔵で5～6日間。

盛りつけ

ホースラディッシュで本格派

肉を好みの厚さに切って盛り、クレソンとホースラディッシュのすりおろしたものを添える。グレービーソースは別器で添える。ホースラディッシュの代わりに、わさびや大根おろしを添えると和風の味わい。

ローストビーフをフライパンで焼くには、
火かげんの調節がポイント。
最初は弱火で表面を焼き、
続いて中火からやや弱火で
全体から火を回し、
こまめに肉を返しながら
焼きあげます。

牛肉チャーハン

残ったローストビーフは、香ばしいにんにく風味のチャーハンに

材料（2人分）

牛肉の鍋ロースト…100g
にんにく…1かけ
細ねぎ（小口切り）…4本
温かいご飯…300g
サラダ油…大さじ1
しょうゆ…大さじ½
塩…小さじ½
こしょう…少々

作り方

1 牛肉の鍋ローストは1cm角に切る。にんにくは横薄切りにする。

2 フライパンにサラダ油を熱してにんにくを入れ、パリッとするまで炒めて油に香りを移し、にんにくを取り出す。

3 **2**にご飯を入れ、強火で炒め、パラパラになったら牛肉の鍋ローストを加えて炒め、しょうゆを鍋肌から回し入れて香りをつけ、塩、こしょうで味をととのえる。細ねぎを加えて軽く炒め合わせ、器に盛って**2**のにんにくチップを散らす。

ビーフサンドイッチ

ローストビーフをしっかりのぞかせて、半オープンタイプのサンドイッチ

材料（4個分）

牛肉の鍋ロースト（薄切り）…8枚
グレービーソース…適宜
トマト（輪切り）…4枚
サラダ菜…4枚
玉ねぎ（輪切り）…4枚
パン（カンパーニュ）…½個
バター…適宜
粒マスタード…適宜

作り方

1 トマト、サラダ菜、玉ねぎはともにペーパータオルで水けをよく取る。

2 パンは2cm厚さに切り、間に切り込みを入れる。

3 牛肉の鍋ローストにグレービーソースをからめる。

4 パンにバターをぬってサラダ菜をはさみ、サラダ菜の間に牛肉の鍋ローストとトマト、玉ねぎをはさむ。好みで粒マスタードをぬる。

ローストビーフの野菜ロール

生野菜を巻いて、しょうゆベースのピリ辛だれで、ご飯にもぴったり

材料(2～3人分)

牛肉の鍋ロースト(薄切り)…12 枚
にんじん…½本
セロリ…½本
細ねぎ…6 本
ⓐ しょうゆ…大さじ 1
ⓐ 酢…大さじ½
ⓐ 豆板醤…小さじ¼

作り方

1 にんじん、セロリ、細ねぎは牛肉の鍋ローストの幅に合わせた長さに切り、にんじんとセロリは細ねぎの太さに合わせて細切りにする。
2 ⓐの材料を合わせてたれを作る。
3 牛肉の鍋ローストに**1**をのせて巻き、器に盛って**2**をかける。

アレンジメニュー
牛肉の鍋ロースト

ローストビーフのマッシュルームソース

まろやかなソースをかければ、フレンチ風のメインディッシュ

材料(2人分)

牛肉の鍋ロースト(厚めの薄切り)…6 枚
玉ねぎ(薄切り)…¼個
マッシュルーム(薄切り)…½パック
バター…大さじ½
小麦粉…大さじ½
サラダ油…大さじ½
塩…小さじ¼
こしょう…少々
生クリーム…大さじ 2
ブロッコリー…¼個

作り方

1 フライパンにサラダ油を熱し、玉ねぎをあめ色になるまで炒め、マッシュルームとバターを加えてさっと炒め、小麦粉をふり入れ、粉っぽさがなくなるまで炒める。
2 水¾カップを加え、木べらで混ぜながらソース状になるまで煮、塩、こしょうで味をととのえる。
3 器に温めた牛肉の鍋ローストを盛り、**2**のソースをかけ、生クリームをかける。小房に分けてゆでたブロッコリーを添える。

牛肉のたたき

作り方

1 牛肉は直径5㎝くらいの棒状に繊維に沿って切り(A)、軽く塩、こしょうする。

2 フッ素樹脂加工のフライパンに**1**の肉を入れ、ときどき返しながら表面全体に焼き色をつける(B)。

3 バットにペーパータオルを敷いてその上に**2**をのせ、冷蔵庫で冷やす(C)。

材料(作りやすい分量)

牛もも塊肉…400g
塩…少々
こしょう…少々

保存

冷めたらラップでぴったりと包み、保存袋に入れ、冷蔵で3～4日間。

point A

火の入り方が均一になるように、同じ太さに切っておく。

point B

フッ素樹脂加工のフライパンを使用すると、鍋肌にくっつかない。

point C

冷蔵庫に入れて手早く表面を冷やし、肉汁を安定させる。

盛りつけ

薬味も刺し身風に

長ねぎはせん切りにして、みょうがは薄切りにし、冷水にさらしてシャキッとさせ、青じその葉とともに器に盛る。ここに3㎜厚さに切った牛肉のたたきを盛る。薬味におろししょうがとすだちを添えて、しょうゆで食べる。

肉の表面をさっと焼き固めた、
かつおのたたき「牛肉バージョン」。
好みのたれやソースで食べてください。
牛肉は鮮度が大切ですので、
信用のおける店で求めましょう。

アレンジメニュー

牛肉のたたき

牛肉のカルパッチョ風

フレッシュハーブと上質なオリーブ油と塩で、イタリアンメニューに

材料（２人分）

牛肉のたたき…120g
オリーブ油…小さじ２
あら塩…少々
あらびき黒こしょう…少々
にんにく（すりおろし）…少々
フレッシュディル…適宜
レモン汁…小さじ１

作り方

1 牛肉のたたきはできるだけ薄く切り、器に広げて盛る。

2 オリーブ油を回しかけ、あら塩とあらびき黒こしょうをふって、にんにくとディルを散らし、レモン汁をかける。

牛肉のごま風味サラダ

フレッシュ野菜とともに、ごま油ベースのしょうゆ風味ドレッシング

材料（２人分）

牛肉のたたき（薄切り）…12 枚
赤玉ねぎ…¼個
ベビーリーフ（ミックス）…１パック

ⓐ
しょうゆ…大さじ１
酢…大さじ１
塩…少々
すり白ごま…小さじ２
ごま油…小さじ１

作り方

1 赤玉ねぎは縦薄切りにし、ベビーリーフとともに水にさらして歯切れをよくし、水けをよくきる。

2 ⓐをよく混ぜ合わせてドレッシングを作る。

3 器に牛肉のたたきと **1** を混ぜるように盛り合わせ、**2** をかける。

牛肉とアボカドのタルタル

あらめに切った材料を合わせるだけで、風味満点のお手軽フレンチ

材料（2人分）

牛肉のたたき…80g
アボカド…½個
レモン汁…適宜
玉ねぎ…¼個
ケッパー（あらみじん切り）…大さじ½
オリーブ油…大さじ1
にんにく（すりおろし）…少々
塩…小さじ¼
こしょう…少々

作り方

1 アボカドは種を取って皮をむき、細かく切ってレモン汁大さじ1をふる。
2 玉ねぎはみじん切りにして水にさらし、ざるに上げて水けを絞る。
3 牛肉のたたきは1cm角くらいに切る。
4 ボウルに**1**、**2**とケッパー、オリーブ油、にんにくを混ぜ合わせ、塩、こしょう、レモン汁適宜で味をととのえる。**3**を加えてさっとあえる。

＊アボカドを半分に切るときは、皮つきのまま縦に包丁でぐるりと切り目を入れ、手でひねるようにして2つに割る。種を取り、皮をむく。

牛肉のたたきのにぎりずし

牛のたたきはすし飯とも相性抜群。にぎりに仕立てれば、大人気の一皿に

材料（2人分）

牛肉のたたき（薄切り）…10枚
わさび（すりおろし）…適宜
すし飯…250g
しょうゆ…適宜

作り方

1 すし飯は10等分にして俵形ににぎる。
2 **1**に牛肉のたたきをのせて形を整え、わさびをのせ、器に盛ってしょうゆを添える。

牛すね肉のつくだ煮風

作り方

1 牛すね肉は5㎝角に切る。

2 鍋に水４カップとにんにく、しょうがを入れて強火で煮立て、牛肉を入れ(A)、再び煮立ったら浮いてくるアクを取り除き、弱火にして約1時間煮る。

3 2にⓐを加え、弱火でさらに約1時間煮る。

4 煮汁につけたまま冷まして味を含ませ、食べやすく手でほぐす(B)。

材料(作りやすい分量)

牛すね肉…500g
にんにく(薄切り)…1かけ
しょうが(薄切り)…1かけ
ⓐ
- 酒…½カップ
- しょうゆ…½カップ
- 砂糖…大さじ2
- 赤とうがらし(小口切り)…2本

保存
冷めたら密閉容器に入れ、
冷蔵で6～7日間。
冷凍で2～3週間。

煮込み料理にすることの多い牛すね肉を、ちょっと甘めのつくだ煮風に。調味料を加える前に、弱火でしっかりゆでるのが、やわらかく仕上げるポイントです。

肉のうまみが出た煮汁は、野菜の煮物にも利用できます。いんげんもおいしい

ししとうのうま煮

アレンジメニュー

材料（2人分）

牛すね肉のつくだ煮風の煮汁…大さじ3

ししとうがらし…16本

作り方

1 鍋に牛すね肉のつくだ煮風の煮汁を入れて火にかけ、ししとうを加え、軽く混ぜ合わせてふたをして煮る。

2 ししとうがクタッとなったら火を止める。

＊牛すね肉のつくだ煮風の煮汁だけでなく、肉も加えてもよい。

point B

大きな角切りのままよりも、ほぐしておくと食べやすい。

point A

かたいすね肉は、調味する前に香味野菜だけでやわらかくゆでる。

お弁当のヒント

肉をのり巻きのしんに

牛すね肉のつくだ煮風40ｇは細かくほぐし、三つ葉$\frac{1}{2}$束はさっとゆでて水にとり、すぐに水けを絞る。この2つをしんにして、すし飯150ｇでのり巻きに。子どももおとなももう一つと手が出るおいしさ。

レバーペースト

作り方

1 鶏レバーは黄色い脂や血管などをきれいに取り除き、2cm角くらいに切って牛乳適宜(分量外)に5分くらいつけてくさみを抜く(A)。

2 1をざるに上げて水けをきり、さらにペーパータオルでふき、塩小さじ½、こしょう少々をふる。

3 フライパンにサラダ油を熱し、2を強火でソテーし、ブランデー大さじ1をふり入れ、ふたをして中まで完全に火が通るまで蒸し煮にする(B)。

4 3をフードプロセッサーにかけてペースト状にする(C)。

5 4を大きめのボウルに移し、あら熱がとれたらはちみつ、ブランデー大さじ1、牛乳を加えてのばし、バターを練り込み(D)、塩小さじ½、こしょう少々で味をととのえる。

材料(作りやすい分量)

- 鶏レバー…500g
- サラダ油…大さじ1
- ブランデー…大さじ2
- はちみつ…小さじ1
- 牛乳…大さじ1
- バター…大さじ4
- 塩…小さじ1
- こしょう…少々

保存
冷めたら密閉容器に入れ、冷蔵で4～5日間。冷凍で2～3週間。

point A
牛乳は冷たいものを、レバーが浸るくらい用意する。

point B
レバーを焦がさないようして、中まで完全に火を通す。

point C
粒々がなく、全体がなめらかなペースト状になるまで。

point D
ゴムべらでバターを切り分けながら、むらなく練り込む。

盛りつけ

好みの量をパンにつけて

レバーペーストはそのまま好みの量をパンにぬって食べる。サンドイッチのフィリングにしてもおいしい。生野菜のサラダを添えれば、これだけで朝食メニューとして好バランス。

レバーペーストをおいしく作るには、
まずは新鮮な鶏レバーを選ぶこと。
ふっくらとしてつやがよく、
色の鮮やかなものを選んでください。
身くずれしたものは避けましょう。

カナッペ

レバーペーストに生クリームとナッツ類を加えて、手軽なオードブルに

材料(12 個分)

レバーペースト…100g
生クリーム…大さじ 1 ～ 2
レーズン…大さじ 2
フレッシュチャービル…少々
くるみ…10g
赤ピーマン(あらみじん切り)…少々
クラッカー…12 枚

作り方

1 レバーペーストに生クリームを加えてなめらかに溶きのばし、2 等分する。
2 **1** の一方にレーズンを混ぜ、クラッカーにのせてチャービルを飾る。
3 くるみはフライパンに入れて弱火にかけ、いるようにしてカラッとするまで焼き、あらみじんに切る。残りの **1** に加え、クラッカーにのせて赤ピーマンを飾る。
4 器に **2** と **3** を盛り合わせる。

ズッキーニのレバーソテー

淡泊なズッキーニにレバーペーストがからんで、パンのおかずに

材料(2 人分)

レバーペースト…40g
ズッキーニ…1 本
オリーブ油…大さじ½
バター…大さじ½
白ワイン…少々
塩…少々
こしょう…少々

作り方

1 ズッキーニは 1cm厚さの輪切りにする。
2 フライパンにオリーブ油を熱し、ズッキーニを炒め、レバーペースト、バター、白ワインを加え、水分をとばすように焼き色がつくまでじっくりと炒め、塩、こしょうで調味する。

スティック野菜のレバーペースト添え

濃厚なうまみのレバーペーストは、みずみずしい生野菜にぴったり

材料（2人分）

レバーペースト…適宜
にんじん…½本
セロリ…¼本
きゅうり…½本

作り方

1 にんじん、セロリ、きゅうりは10cm長さくらいの棒状に切る。

2 器に**1**の野菜を盛り、レバーペーストを小さい器に入れて添える。レバーペーストをディップとしてつけて食べる。

アレンジメニュー

レバーペースト

ポテトのレバーペースト焼き

じゃがバターを、ワイン党に向けてアレンジしました

材料（2人分）

レバーペースト…100g
生クリーム…大さじ2
じゃがいも…2個
パセリ（みじん切り）…少々
塩…少々
あらびき黒こしょう…少々
バター…大さじ1

作り方

1 じゃがいもは皮つきのまままきれいに洗い、耐熱容器に入れてラップをかけ、電子レンジで約6分加熱して、完全にやわらかくする。

2 レバーペーストに生クリームを加えて溶きのばす。

3 **1**を皮つきのまま手で4つくらいに割り、耐熱容器に並べ、**2**をたっぷりとぬり、塩、あらびき黒こしょう、パセリをふり、バターを散らして、250℃のオーブンで約5分焼く。

砂肝のしょうゆ煮

コリコリと歯ごたえのよい砂肝は、内臓類のなかではくせがなく、苦手な人でもおいしく食べられます。

材料（作りやすい分量）

鶏砂肝…15個（400g）
長ねぎ（ぶつ切り）…10cm
しょうが（薄切り）…1かけ
八角…1個
花椒《ホアジャオ》…10粒
しょうゆ…大さじ3
酒…大さじ2
砂糖…小さじ1
ごま油…小さじ1
＊八角と花椒はどちらか一方を加えるだけでもよい。

保存
冷めたら密閉容器に入れ、冷蔵で4～5日間。冷凍で2～3週間。

作り方

1 砂肝は2つに切り離し、白い部分をそぐように切り取る（**A**）。塩少々（分量外）でもんでからよく洗い、熱湯でさっとゆでてくさみを抜き、冷水で洗ってざるに上げ、水けをきる。

2 鍋に**1**と長ねぎ、しょうが、八角、花椒、しょうゆ、酒、砂糖とかぶるくらいの水（1～1½カップ）を入れ、煮汁が少なくなるまで30～40分煮る。火からおろしてごま油を加え、ざっと混ぜ合わせて香りをつける。

point
A
筋のような白い部分はかたいので、切り取る。薄くそぎ取るようにする。

魚介の常備菜

魚は生で食べるのはもちろんですが、ひと手間かけて常備菜にすると、また違った味わいが楽しめます。漬けたり、干物にしたり、マリネにすると独特のうまみとコクが出て、料理のバリエーションが広がります。お父さんの晩酌にもおすすめです。

指導／田口成子

さけのポン酢漬け

point A
さけは皮目を下にし、皮と身の間に包丁を入れて皮を引っ張るようにして、皮を取る。

point B
身に手を添えながら、包丁を斜めにねかせて一口大に切る。

point C
小麦粉をまぶして、余分な粉をたたいてはらう。

作り方

1 さけは腹骨を除き、包丁で皮をひいて(A)、一口大のそぎ切りにする(B)。

2 すだちは半分に切って搾り、大さじ3をとる。分量に足りなければ酢を足す。

3 鍋に水大さじ3と昆布茶を入れ、ひと煮立ちさせて火を止める。しょうゆと2のすだち汁かすだち酢を加えてバットに移す。

4 1のさけに小麦粉を薄くつける(C)。揚げ油を170度に熱し、さけをからりと揚げ(D)、油をきる。一度には揚げられないので何回かに分けて揚げる。

5 3のバットにしょうがを加え、4の揚げたてのさけを漬ける。七味とうがらしをふる。

point D
ときどき返しながら、こんがりとしたきつね色になるまで揚げる。

材料(作りやすい分量)

生さけ…6～7切れ(約700g)
すだち…3個
酢…適宜
昆布茶…小さじ1/3
しょうゆ…大さじ3
しょうが(せん切り)…20g
七味とうがらし…少々
小麦粉…適宜
揚げ油…適宜

保存
冷めたら密閉容器に入れ、冷蔵で4～5日間。

盛りつけ

すだちでさらに香りをプラス

貝割れ菜1/3パックは根元を少し切り落とし、洗って種を除く。さけのポン酢漬け適宜とすだちの輪切り数枚を合わせ、器に盛り、貝割れ菜を添える。

お弁当のヒント

青菜も漬け汁に漬けて

小松菜30gをゆでて水にとり、水けを絞る。4cm長さに切って、さらに水けを絞る。さけのポン酢漬け4個と漬け汁大さじ1をボウルに入れ、小松菜をいっしょに漬ける。汁けをきってから詰める。

揚げたての香ばしいさけに、
すだちのさわやかな香りが加わって、あと味がさっぱりとしたおかずです。
時間がたつほどに味もしみて、おいしさが増してきます。

小あじの南蛮漬け

材料(作りやすい分量)

小あじ…30尾
塩…少々
赤とうがらし…2本
しょうが(せん切り)…10g
昆布茶…小さじ2/3
ⓐ 酢…1/3カップ強
ⓐ しょうゆ…大さじ3
ⓐ 砂糖…大さじ1 1/2
小麦粉…適宜
揚げ油…適宜

保存
冷めたら密閉容器に入れ、冷蔵で3〜4日間。

作り方

1 小あじはぜいごを取り(A)、内臓とえらを取り除く(B)。塩水で洗って(C)、水けをていねいにふき取る。

2 赤とうがらしは種を除いて小口切りにする。

3 鍋に水2/3カップと昆布茶を入れ、ひと煮立ちさせて火を止める。ⓐ、赤とうがらし、しょうがを加えて混ぜ、バットに移す。

4 **1**の小あじに小麦粉を薄くつけ、170度に熱した揚げ油で3分ほど揚げ、いったん取り出す。一度には揚げられないので5尾ほどずつに分けて揚げる。揚げ油の温度を175度に上げて、もう一度小あじを入れてからりと揚げる(D)。揚げたてを**3**の漬け汁に漬ける。

point A

包丁の先で、尾のほうからぜいごをそぐように切り取る。

point B

えらぶたの中に指を入れ、左右のえらをいっしょにひっかけて引っ張り、内臓を斜めに切り取る。

point C

ボウルに氷を入れた塩水を用意し、えらから内臓の部分に指を入れてきれいに洗う。内臓や血が残っていると生ぐさいのでていねいに。

point D

表面をからりと仕上げるために2度揚げする。2度めは高温で短時間に。

盛りつけ

しらがねぎを天盛りして

長ねぎの白い部分を5cm長さに切り、縦に切り込みを入れてしんを除く。端からできるだけ細く切ってせん切りにしてしらがねぎを作り、水にさらす。器に小あじの南蛮漬けを盛り、水けをきったしらがねぎを天盛りにする。

丸ごと揚げて骨まで
やわらかくなっています。
すべてを食べられるので、
カルシウムの補給にぴったり。
赤とうがらしを減らせば
育ち盛りの子どもにも
おすすめです。

point
A
様子を見ながら、ぶりの表面に焼き色がついたら裏返す。

ぶりの辛み漬け

豆板醤とオイスターソースのたれで、中華風味の味わいです。グリルで焼いて漬けだれに浸すだけの簡単さです。

材料(作りやすい分量)

ぶり…6切れ
ししとうがらし…8本
ⓐ
- 昆布茶…小さじ½
- 豆板醤…小さじ1
- しょうゆ…大さじ2
- 砂糖…小さじ2
- オイスターソース…小さじ1½

保存
冷めたら密閉容器に入れ、冷蔵で3～4日間。

作り方

1 ぶりは1切れを2～3つに切る。ししとうは竹串で1か所刺して、焼いたときに破裂しないように空気穴をあける。

2 グリルを熱し、**1**のぶりとししとうを並べて中火で焼く。

3 **2**で焼いている間に、鍋に、水½カップとⓐを入れ、ひと煮立ちさせて火を止め、バットに移す。

4 **2**のぶりの表面にこんがりと焼き色がついたら裏返す(**A**)。ししとうも裏返し、焼けたら途中で取り出して**3**に漬ける。ぶりの裏面もこんがりと焼けたら火を止め、**3**に漬ける。

いわしのカレードレッシング

いわしのうまみとパプリカの甘みに、カレーのスパイシーさが加わって絶妙のおいしさです。青魚の苦手なかたにもおすすめです。

材料（作りやすい分量）

いわし…6尾
塩…適宜
パプリカ（赤・黄）…各½個
ⓐ
- カレー粉…小さじ1½
- 酢…¼カップ
- トマトケチャップ…小さじ1
- サラダ油…⅓カップ
- 塩…小さじ1

サラダ油…大さじ2½
小麦粉…適宜

保存
冷めたら密閉容器に入れ、冷蔵で4～5日間。

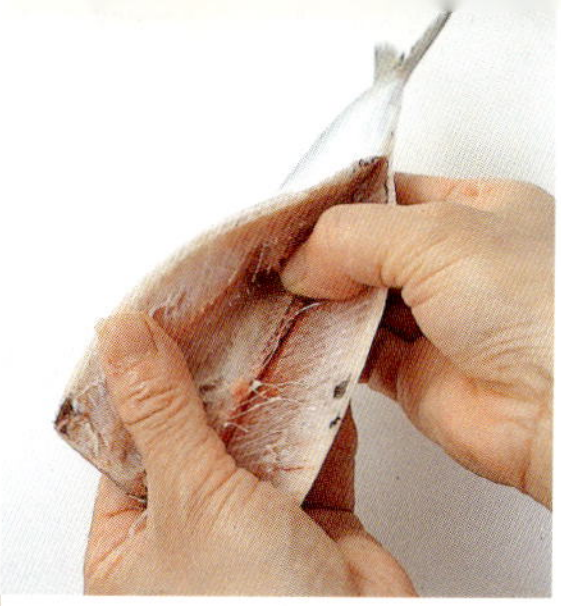

point A
両手の親指を中骨の上に差し込み、中骨に沿って指先を動かして身と骨をはがす。

point B
いわしの皮に焼き色がついてパリッとしたら裏返す。

作り方

1 いわしはうろこを取り、頭を切り落とす。腹側のかたいうろこを切り取って内臓を取り出し、塩水で洗って、水けをふき取る。手開きをして（A）中骨を取り、腹骨をすき取る。縦に半分に切り、さらに横に半分に切る。

2 パプリカは種を除いて、せん切りにする。

3 ⓐをバットに合わせ混ぜる。

4 フライパンにサラダ油大さじ½を熱し、**2**のパプリカを炒める。少しだけ塩をふり、取り出して、**3**に漬ける。

5 **1**のいわしに小麦粉をつけて余分な粉ははたく。**4**のフライパンをふき、サラダ油大さじ2を熱し、いわしを皮目から入れて両面を焼き（B）、**3**に漬けて全体を混ぜる。

サーモンの香草マリネ

作り方

1 生さけは腹骨をすき取り、背と腹に切り分ける。

2 ⓐを混ぜ合わせる(A)。

3 バットに**2**の½量を敷き、その上に**1**の生さけを皮目を下にして並べる。残りの**2**をふりかける。背のほうに多くふる(B)。1〜2日冷蔵庫に置いてマリネする。身がしまってきてバットに水分が出てくる(C)。その水分は捨てる。

point A
ボウルに調味料とハーブを入れて、よく混ぜ合わせる。

point B
背のほうが身が厚いので、背に多くふる。

point C
押してみて水分が出てくれば、充分にマリネされている。

材料(作りやすい分量)

生さけ(刺し身用・さく取りしたもの)…700g

ⓐ
- 塩…50g
- 砂糖…35g
- タイム(ドライ)…大さじ2
- オレガノ(ドライ)…大さじ1
- こしょう…小さじ1

保存
密閉容器に入れ、
冷蔵で4〜5日間。
冷凍で1か月間。

ベーシックメニュー

さけのオードブル風

材料(2人分)と作り方

1 サラダリーフ適宜は一口大にちぎり、氷水につけてパリッとさせ、水けをきる。

2 サーモンの香草マリネ100gは、皮目を下にして薄くそぎ切りにし、皮を除いて、器に盛る。

3 **1**のサラダリーフ、ディル適宜、レモン(くし形切り)⅓個を添え、ケーパー大さじ1を散らし、オリーブ油大さじ1をふる。

常備しておける
ドライハーブを使って、
白ワインに合う
おしゃれな一品ができました。
お客さまのおもてなしにも
向いていて、
前日に用意しておけるので
便利です。

えびのマスタードマリネ

レモンのさわやかな風味と、マスタードのほどよい辛みが、ぷりぷりした食感のえびによく合います。彩りもよく、食卓が華やかになります。

材料（作りやすい分量）

えび（殻つき）…500g
塩…適宜
レモン…１個
玉ねぎ…½個
ⓐ
- 粒マスタード…小さじ２
- 塩…小さじ⅔
- 酢…¼カップ
- サラダ油…½カップ
- 砂糖…小さじ１
- しょうゆ…大さじ１

保存
密閉容器に入れ、
冷蔵で３～４日間。

作り方

1 えびは塩水で洗い、背わたを取る（A）。

2 レモンは輪切りを2～3枚切り取り、残りは皮と白い部分を除いて輪切りにする。玉ねぎは縦半分に切り、横にごく薄く切る。

3 鍋に水3カップと塩小さじ1、**2**のレモンの輪切り（皮つき）を入れ、沸騰したら**1**のえびを入れてゆでる（B）。2～3分したらざるに上げて、冷ます。

4 ボウルにⓐの調味料を合わせてドレッシングを作り、**2**の玉ねぎを混ぜる。**3**のえびを、尾のほうから1節分を残して殻をむき、ドレッシングに混ぜる。**2**のレモンの輪切り（皮なし）を加えて全体を混ぜる。

point A
えびの背を丸めて持ち、２節めの背の部分に竹串を挿し入れて、黒い背わたを引き抜くようにして取る。

point B
レモンといっしょにゆでるとくさみも取れ、色もきれいにゆであがる。

たこのトマトマリネ

たこのうまみと、ジューシーなトマトを組み合わせてフレッシュな味わいに。オリーブをプラスしてイタリアンに仕上げました。

材料（作りやすい分量）

ゆでだこ…400g
酢…大さじ3
トマト…2個
赤とうがらし（粉末）…少々
黒オリーブ…8個
ⓐ
- 酢…1/4カップ
- サラダ油…1/2カップ
- 塩…小さじ1
- 砂糖…小さじ1強
- こしょう…少々

保存
密閉容器に入れ、冷蔵で3～4日間。

作り方

1 たこは薄くそぎ切りにし（A）、酢を全体にふり（B）、酢を捨てる。

2 トマトはへたを取って、横半分に切って種を除き、1.5cmの角切りにする。

3 ボウルにⓐの調味料を合わせてドレッシングを作る。**1**、**2**、赤とうがらし、黒オリーブを加えて混ぜ合わせる。

point A
たこの足に手を添えて、包丁の先でそぐように薄く切る。

point B
酢をまんべんなくたこにかけて、酢洗いして殺菌し、下味をつける。

サーモンのライスサラダ

おもてなしの最後はライスで

材料（2人分）

サーモンの香草マリネ（薄切り・皮なし）…6枚
きゅうり…½本
塩…少々
イタリアンパセリ（みじん切り）…少々
ケーパー…大さじ1
温かいご飯…200g
塩・こしょう…各少々
レモン汁…大さじ1
オリーブ油…大さじ1½

作り方

1 ボウルにご飯を入れ、塩、こしょう、レモン汁、オリーブ油をふって混ぜ合わせ、冷ます。
2 サーモンの香草マリネは、1枚を2～3つに切る。
3 きゅうりは小口切りにして塩をふって5～6分おいて、水けを絞る。
4 **1**のご飯にイタリアンパセリ、ケーパー、**3**のきゅうりを混ぜ、**2**のサーモンも加え混ぜて、器に盛る。

サーモンのオープンサンド

酸味のある黒パンがよく合います

材料（2人分）

サーモンの香草マリネ（薄切り・皮つき）…6枚
きゅうり…½本
塩…少々
レタス…2枚
ミニトマト…2個
レモンの輪切り（皮なし）…1枚
イタリアンパセリ…少々
黒パン…2枚
マヨネーズ…大さじ1

作り方

1 きゅうりは縦に薄切りにし、塩をふって2～3分おき、水けをふく。レタスは手でちぎって2～3つにする。ミニトマトはへたを除いて半分に切る。レモンは半分に切る。
2 黒パンの片面にマヨネーズをぬり、レタス、きゅうり、サーモンをのせ、イタリアンパセリ、レモン、ミニトマトをあしらう。

えび入りポテトサラダ

たっぷりのじゃがいもでボリューム満点

材料(2人分)

えびのマスタードマリネ…1/5量
じゃがいも…250g
さやいんげん…30g
マヨネーズ…大さじ2〜3
塩・こしょう…各少々

作り方

1 じゃがいもは皮をむいて7〜8mm厚さのいちょう切りにし、さっと洗い、やわらかくゆでる。水けをきって、熱いうちに少なめに塩、こしょうをふる。

2 さやいんげんは枝つきの部分を少し切って塩ゆでする。水けをきって、3cm長さに切る。

3 **1**と**2**が冷めたらボウルに入れ、えびのマスタードマリネとマヨネーズを加え、混ぜ合わせる。

アレンジメニュー

マリネ

たことトマトの冷製パスタ

トマトジュースをソースに使って簡単に

材料(2人分)

たこのトマトマリネ…1/4量
バジル…適宜
ペンネ…120g
塩…適宜
ⓐ
- トマトジュース…1/4カップ
- レモン汁…大さじ1
- 塩…少々
- オリーブ油…大さじ1 1/2

作り方

1 ボウルにたこのトマトマリネとⓐを混ぜ合わせ、冷蔵庫で15分ほど冷やす。

2 鍋にたっぷりの湯を沸かし、塩(水1ℓに対して塩小さじ2)を加え、ペンネをややややわらかめにゆでる。氷水にさっとつけて冷まし、水けをふき取る。

3 **2**を**1**のボウルに加え、バジルの葉を少し摘んで入れ、全体をさっと混ぜる。

えびのすり身

下ごしらえが簡単なえびを使っているので、短時間でできてしまいます。ラグビーボールのような形でボリューム感もあり、ほのかなピンク色が食欲をそそります。

作り方

1 えびは塩水で洗い、水けをきる。背わたを取って殻をむき、尾も取る。大きければ2～3つに切る。

2 フードプロセッサーに、**1**とⓐを入れて1～2分回す。

3 沸騰した湯3カップに塩小さじ1を入れ、ぬらしたスプーンで**2**をひとすくいし、形を整えて(A)湯に入れる(B)。1分ほどゆでて浮いてきたら取り出す。

point A
手とスプーンの丸みを利用しながら、ラグビーボールのような形に整える。

point B
形を整えながら、そのつど湯に入れていく。

材料(作りやすい分量)

えび…500g(正味)
塩…適宜
ⓐ
- 酒…大さじ2
- 塩…小さじ1/3
- 片栗粉…大さじ2

保存
冷めたら密閉容器に入れ、冷蔵で3～4日間。冷凍で1か月間。

緑のブロッコリーを合わせて彩りよく
えびだんごとブロッコリーの炒め物

材料（2人分）

えびのすり身だんご（ゆでたもの）…150g
ブロッコリー…150g
きくらげ（乾燥）…2g
しょうが（せん切り）…5g
ⓐ
- 鶏ガラスープの素…小さじ½
- 湯…⅔カップ
- 塩…小さじ½
- しょうゆ…小さじ1
- 砂糖…小さじ½
- こしょう…少々

片栗粉…小さじ1
サラダ油…大さじ1

作り方

1 ブロッコリーは小房に分ける。きくらげは水でもどし、石づきを除いて一口大に切る。

2 フライパンに油大さじ½を熱し、**1**のブロッコリーをさっと炒める。ひたひたの水を加え、ブロッコリーをゆでて、水けをきる。

3 再びフライパンに油大さじ½を熱し、しょうがを炒め、ⓐを加える。ひと煮立ちしたら、すり身だんご、**2**のブロッコリー、**1**のきくらげを加えて炒め合わせ、小さじ1の水で溶いた片栗粉を加え混ぜてとろみをつける。

アレンジメニュー

ゆでる前のすり身を使って

ぷりぷりした食感がうれしい
えびシューマイ

材料（16個分）

えびのすり身（ゆでてないもの）…300g
ⓐ（塩…小さじ¼　砂糖…小さじ1）　玉ねぎ（みじん切り）…½個　片栗粉…大さじ2
シューマイの皮…16枚　サラダ油…少々
レタス…½個　ⓑ（塩…小さじ1　ごま油…大さじ½）　からし酢じょうゆ…適宜

作り方

1 ボウルに玉ねぎを入れ、片栗粉をまぶす。すり身とⓐを加え混ぜて、たねを作る。ボウルの中でたねを16等分し、シューマイの皮に等分したものを1つずつのせて包む。

2 蒸し器の中敷きに薄く油を引いて**1**をのせ、蒸し器の蒸気が上がってきたら中火で12〜13分蒸す。蒸している間に、沸騰した湯3カップにⓑを入れ、レタスを大きくちぎり入れ、さっとゆでて水けをきる。

3 器にシューマイとレタスを盛って、からし酢じょうゆを添える。

すり身をゆでたものをそのまま食べてもおいしいほど、うまみが満点。和風の汁物に入れたり、中華風の炒め物にしたり、揚げてエスニック風に食べるなど、幅広く使えます。

いかのすり身

作り方

1 いかは胴から足を抜き、わた、目、くちばしを取り除き、皮をむいて水洗いする。水けをふき取り、2㎝幅に切る。

2 フードプロセッサーに、**1**とⓐを入れて(A)、2～3分回す。

3 沸騰した湯3カップに塩を入れ、ぬらした手で**2**をだんご状に丸め、湯に入れる(B)。3分ほどゆでて浮いてきたら取り出す。

point A

いかはだいたい大きさをそろえて切り、フードプロセッサーにかける。

point B

手にすり身を少し取り、親指と人差し指の間から押し出すようにしてだんごを作り、ぬらしたスプーンで取って湯に入れる。

材料(作りやすい分量)

いか(あれば、するめいか)…500g(正味)

ⓐ
- 酒…大さじ2
- 塩…小さじ⅓
- 片栗粉…大さじ2
- しょうが(薄切り)…5g

塩…小さじ1

保存

冷めたら密閉容器に入れ、
冷蔵で3～4日間。
冷凍で1か月間。

いかだんごの甘酢炒め

いかのうまみに甘ずっぱいたれがよく合う

アレンジメニュー

材料（２人分）

いかのすり身だんご（ゆでたもの）…150g
玉ねぎ…80g
ゆでたけのこ…60g
にんじん…20g
ピーマン…１個
ⓐ
- トマトケチャップ…大さじ1½
- しょうゆ…大さじ1½
- 酢…大さじ1½
- 砂糖…大さじ１
- 鶏ガラスープの素…小さじ¼
- 湯…½カップ
- こしょう…少々

片栗粉…小さじ１
サラダ油…大さじ1½

作り方

1 玉ねぎは１cm幅の薄切りに、たけのこは薄切りに、にんじんは４～５cm長さの短冊切りに、ピーマンは一口大の乱切りにする。

2 フライパンにサラダ油を熱し、玉ねぎをさっと炒め、たけのこ、にんじんを加えて炒める。しんなりしてきたらピーマンを加え、さっと炒めたら、ⓐといかのすり身だんごを加える。ひと煮立ちしたら、小さじ１の水で溶いた片栗粉を加え混ぜてとろみをつける。

いかのハンバーグ

シンプルにしょうがじょうゆで食べて

ゆでる前のすり身を使って

材料（２人分）

いかのすり身（ゆでてないもの）…200g
溶き卵…大さじ１　長ねぎ（みじん切り）…½本　いり黒ごま…大さじ１　みそ…大さじ１
グリーンアスパラガス…½束　塩…少々
おろししょうが…10g　サラダ油…大さじ1½　しょうゆ…適宜

作り方

1 ボウルにすり身、溶き卵、みそを入れてよく混ぜ、長ねぎ、ごまを加え混ぜて４等分にし、それぞれ小判形に整える。

2 アスパラガスは根元のかたい部分を切り、根元から⅓ほど皮をむき、５～６cm長さに切る。フライパンに油大さじ½を熱し、アスパラガスを炒め、水少々を入れて火を通す。塩をふり、取り出す。

3 再びフライパンに油大さじ１を熱し、中火以下にして**1**を入れて、両面をこんがりと焼く。器に盛って、おろししょうがをのせ、**2**を添える。しょうゆでいただく。

いわしのすり身

おろすのに手間のかかるいわしは、時間のあるときに作りおきしておくと、すぐに使えて便利です。くさみ消しのしょうがで風味もよく、いわしのうまみも生きています。

作り方

1 いわしは頭を落とし、腹側を切って内臓を取り、塩水で洗って、水けをふき取る。手開きして、中骨を取って腹骨をすき取り、背びれ沿いに半分に切り、尾を取り除く。

2 いわしの皮を頭のほうからむいて、一口大に切る。

3 フードプロセッサーに、**2**とⓐを入れて1～2分回す(A)。

4 沸騰した湯3カップに塩小さじ1を入れ、ぬらした手で**3**をだんご状に丸めて湯に入れる。再沸騰してから2～3分ゆでたら取り出す(B)。

point A

フードプロセッサーに、いわしを平らに並べるように入れ、ⓐを回し入れる

point B

2～3分ゆでて浮き上がってきたら取り出す。

材料(作りやすい分量)

いわし…500g(正味)
塩…適宜
ⓐ
- 塩…小さじ1/3
- しょうが(薄切り)…5g
- 酒…大さじ1
- 小麦粉…大さじ2

保存

冷めたら密閉容器に入れ、
冷蔵で3～4日間。
冷凍で1か月間。

アレンジメニュー

いわしのつみれ汁

ごぼうをプラスして味わい深く

材料（2人分）

いわしのすり身だんご（ゆでたもの）…120g
ごぼう…40g
こんにゃく…$\frac{1}{4}$枚
塩…少々
しいたけ…2枚
長ねぎ…10cm
昆布…10g
酒…大さじ1
みそ…20g

作り方

1 鍋に水$2\frac{1}{2}$カップと昆布を入れ、15分くらいつける。

2 ごぼうは皮をこそげてささがきにし、水に放して水けをきる。こんにゃくは塩でもんで洗い、短冊に切る。しいたけは軸を除き、半分に切ってから薄切りにする。

3 長ねぎは小口切りにする。

4 **1**を火にかけて沸騰してきたら昆布を取り出し、**2**といわしのすり身だんごを入れて中火以下で10分ほど煮る。酒を加えてみそを溶き入れ、**3**の長ねぎを加えてひと煮する。

ゆでる前のすり身を使って

いわしのごぼう揚げ

香りの強い春菊と合わせて

材料（2人分）

いわしのすり身（ゆでてないもの）…150g
ごぼう…60g　にんじん…30g　春菊…60g　溶き卵…大さじ1　小麦粉…大さじ3　揚げ油…適宜　レモン（薄切り）…適宜　しょうゆ…少々

作り方

1 ごぼうは皮をこそげて縦半分に切り、斜め薄切りにし、水に放して水けをきる。

2 にんじんはせん切りにし、春菊は根元を除いて2～3cm長さに切る。

3 ボウルに、いわしのすり身、溶き卵、小麦粉を合わせ、**1**、**2**を加えてさっと混ぜる。

4 揚げ油を170℃に熱し、**3**をスプーンですくい入れる。途中で裏返してカラリと揚げる。器に盛って、レモンを添え、しょうゆでいただく。

煮魚

かつおのしぐれ煮

材料(作りやすい分量)

かつお(さく取りしたもの)…500g
しょうが(薄切り)…20g
ⓐ
- しょうゆ…大さじ3½
- 砂糖…大さじ3
- 酒…大さじ2
- みりん…大さじ2

保存
冷めたら密閉容器に入れ、
冷蔵で4〜5日間。
冷凍で1か月間。

作り方

1 かつおは2㎝幅のぶつ切りにする(A)。ざるに広げて並べ、熱湯を回しかける(B)。

2 鍋に、1、しょうが、水2カップを入れて火にかける。アクを除き(C)、ⓐの調味料を入れ(D)、中火以下にして落としぶたをし、煮汁が⅓量以下になるまで煮る。

point A
刃元から包丁を入れ、手前に引いて切り、右側に倒すようにして身を置く。

point B
重ならないようにざるに並べ、熱湯を全体に回しかけて、生ぐささを取り除く。

point C
煮立ってきたらアクがたくさん出てくるので、ていねいにすくい取る。

point D
アクをほとんど取り除いたら、調味料を加える。

盛りつけ

針しょうがを添えて

しょうが10gはせん切りにして水にさらし、水けをきって針しょうがにする。器にかつおのしぐれ煮を盛って、針しょうがを天盛りにする。

お弁当のヒント

混ぜご飯にして

温かいご飯に、かつおのしぐれ煮といり黒ごまを混ぜる。混ぜすぎるとかつおの形がくずれるので、形を生かしながらほどよく混ぜて。かつおでタンパク質の補給ができるので、メインのおかずは少なめでもだいじょうぶ。

砂糖、しょうゆ、しょうがを
使ったつくだ煮風の煮物を
しぐれ煮といいます。
しっかりとした味つけなので、
少量でも白いご飯が
すすみます。
お弁当のすき間に詰めても。

いわしの梅干し煮

材料（作りやすい分量）

いわし…大6尾
塩…適宜
梅干し…中3個
しょうが（薄切り）…15g

ⓐ
- しょうゆ…大さじ3½
- 砂糖…大さじ3
- みりん…大さじ1
- 酒…大さじ2

保存
密閉容器に入れ、冷蔵で4～5日間。

作り方

1 いわしは包丁でこそげるようにしてうろこを除き、頭を切り落として内臓を取り（A）、塩水で洗って（B）、水けをふく。

2 平鍋に、ⓐの調味料と水1½～2カップを入れて火にかけて煮立てる。しょうがを入れて1のいわしを並べ入れ（C）、梅干しを加える。煮立った煮汁をすくって表面にかけ（D）、アルミホイルを落としぶたにしてのせ、中火で煮汁が⅓量くらいになるまで煮る。

3 アルミホイルを取り、煮汁を表面にかけて仕上げる。

point A
頭を切り落とした部分から、包丁でかき出すようにして内臓を取り出す。

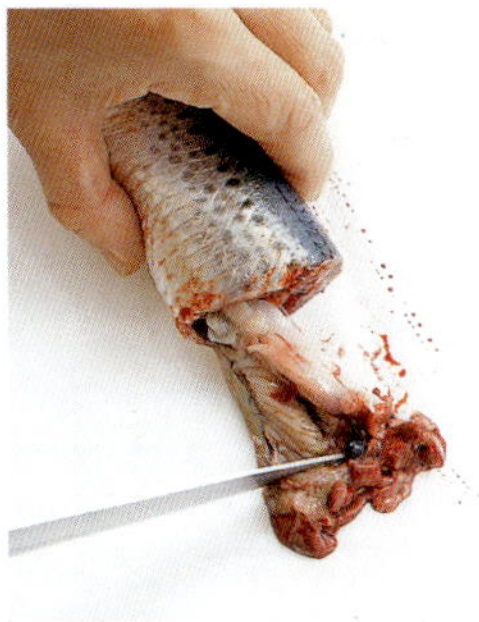

point B
氷を入れた塩水の中で、内臓の部分に指を入れてきれいに洗う。

point C
煮汁が煮立ったところに、重ならないようにいわしを並べ入れる。

point D
全体に煮汁がしみわたるように、ときどき煮汁をかけるようにする。

脂ののったいわしも、
梅干しで
さっぱりとした味わいに
なるばかりでなく、
梅干しの酸味で
いわしの骨までやわらかく
煮ることができます。
しょうがも加えて
風味よく。

さんまの山椒煮

材料（作りやすい分量）

さんま…6尾
塩…少々
山椒の実のつくだ煮…大さじ2
しょうが…20g
酒…¼カップ
酢…大さじ1
ⓐ
- しょうゆ…大さじ3½
- 砂糖…大さじ3½
- みりん…大さじ1

保存
冷めたら密閉容器に入れ、冷蔵で4～5日間。冷凍で1か月間。

作り方

1 さんまは頭を切り取り、1尾を4等分にする（A）。内臓を除いて（B）塩水で洗い、水けをきる。

2 しょうがは皮をむいて薄切りにする。

3 平鍋またはフライパンに、**1**のさんまを重ならないように並べ、**2**のしょうが、酒、酢を入れ（C）、さんまがかぶるくらいの水（2～2½カップ）を入れて火にかける。沸騰したら火を中火以下にして、アクを取る。ⓐの調味料を入れ、落としぶたをして20～25分煮る。

4 落としぶたを取って、山椒の実のつくだ煮を加え（D）、全体に汁をかけて5～6分煮る。

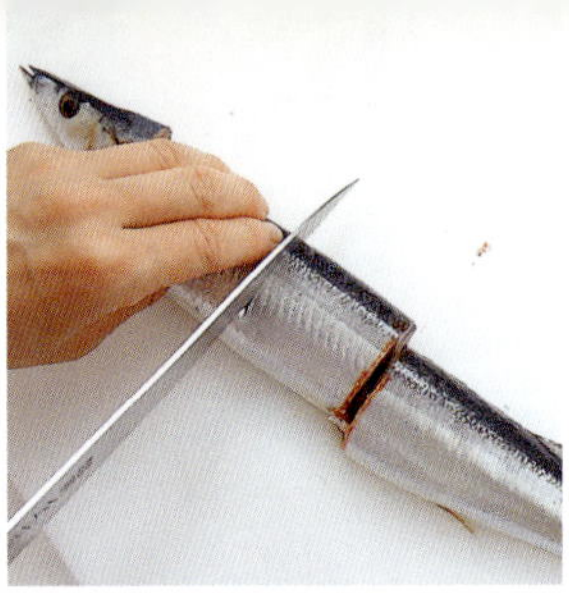

point A
胴の部分を筒状に4つに切り、尾は切り取る。

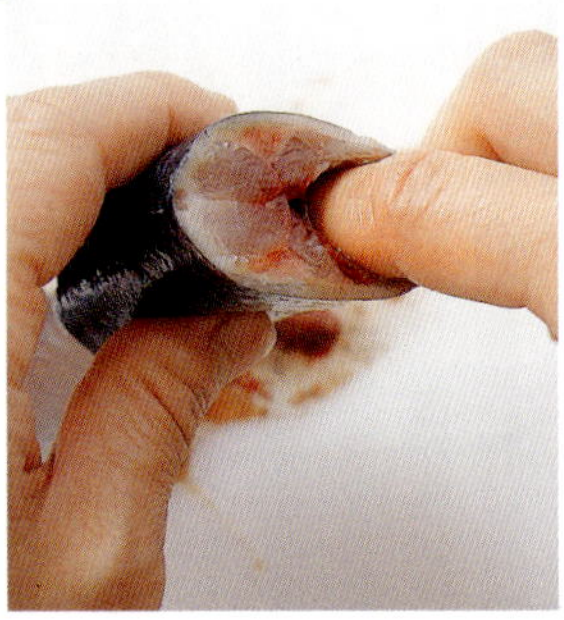

point B
内臓の部分に指先を入れて、抜き取るようにする。

point C
さんまのくさみ消しに酢を加える。

point D
仕上げに、風味づけの山椒の実のつくだ煮を全体に散らすように加える。

盛りつけ

絹さやで青みを添えて

絹さやは筋を取り、さっと塩ゆでして水にとる。器に、さんまの山椒煮を重ねるように盛って、絹さやを形よく添える。

さんまは出回る時期が短いですが、
作りおきしておくと頻繁に食べられ、
秋を満喫できます。
山椒はピリッとしたほどよい辛さで、
さんまにさわやかな風味を
プラスしています。

あなごの甘辛煮

天ぷらやどんぶりにすることの多いあなごを甘辛く煮て、一品のおかずに。酒のおつまみやお茶漬けの具にしてもいいでしょう。

材料(作りやすい分量)

焼きあなご
…7～8本(300g)

ⓐ
- 酒…¼カップ
- 水…¼カップ
- しょうゆ…大さじ2
- 砂糖…大さじ1
- みりん…大さじ1

保存
密閉容器に入れ、
冷蔵で4～5日間。
冷凍で1か月間。

作り方

1 フライパンにⓐを合わせて煮立てる。あなごにたれがついている場合は、たれを使って、ⓐの調味料のしょうゆの量をかげんする。

2 煮汁が半量になるまで煮詰めたらあなごを入れ(A)、弱火で4～5分煮て火を止める。煮汁につけたまま冷ます。

point
A

煮詰まった煮汁の中にあなごを入れ、煮汁がからむようにあなごをときどき返す。

蒸し帆立てのつくだ煮

煮詰めた煮汁に入れて味をからめているので、濃厚な味わいです。ご飯にはもちろん、日本酒に合う珍味としておすすめです。

point A
塩水の中でゆすぐように洗って、汚れを取り除いてくさみも取る。

point B
煮汁を煮詰めるとつやがよくなり、帆立てにも煮汁がからみやすい。

材料(作りやすい分量)

帆立て貝柱(蒸したもの)…500g
塩…少々
しょうが(薄切り)…20g
ⓐ
酒…1/4カップ
しょうゆ…大さじ3
砂糖…大さじ2

保存
密閉容器に入れ、
冷蔵で4～5日間。
冷凍で1か月間。

作り方

1 帆立ては塩水でさっと洗い(A)、水けをふく。

2 鍋にⓐを入れて煮立て、しょうがと帆立てを入れて2~3分煮る。アクを除いて、帆立てを取り出し、煮汁を中火で4~5分煮詰める。

3 帆立てを鍋に戻して3~4分煮て(B)、帆立てを取り出して煮汁を煮詰める。これをさらに2回繰り返す。煮汁がなくなり、全体に照りが出てきたらバットに移し、広げて冷ます。

アレンジメニュー

あなごの甘辛煮

あなごとごぼうの卵とじ

柳川風に卵でうまみを閉じ込めて

材料（2人分）

あなごの甘辛煮…3本
ごぼう…80g
三つ葉…少々
卵…3個
だし汁…⅔カップ
ⓐ しょうゆ…大さじ1～1⅓
　砂糖…大さじ½

作り方

1 あなごの甘辛煮は2cm幅に切る。ごぼうは皮をこそげてささがきにし、水に5～6分つけてアク抜きし、水けをきる。三つ葉は根元を切り、1cm幅に切る。卵は溶きほぐす。

2 鍋にだし汁とごぼうを入れて、中火以下で10分煮る。やわらかくなったらⓐを加えて、あなごも入れ、ひと煮する。溶き卵を中央から外側に流し入れ、三つ葉を加える。

あなごと干ししいたけのおすし

押しずしにしておもてなしにも

材料（2～3人分）

あなごの甘辛煮…2本
米…360mℓ
ⓐ 酢…¼カップ
　塩…小さじ1
　砂糖…大さじ1
干ししいたけ…4枚
ⓑ しょうゆ…大さじ1弱
　砂糖・みりん…各大さじ1
みょうが…2本
ⓒ 酢・だし汁…各¼カップ
　砂糖…大さじ1½
　塩…少々

作り方

1 米は炊く30分前に洗ってざるに上げ、水けをきる。水かげんはやや控えめにし、炊きあがったらⓐの合わせ酢を混ぜて、すし飯を作る。

2 干ししいたけはもどし、軸を除いて薄切りに。鍋に水1½カップとともに入れて5～6分ゆで、ⓑを加え、煮汁が⅓量になるまで煮る。みょうがは縦に半分に切ってさっとゆで、ⓒを合わせた中に漬けて味を含ませる。

3 箱ずしの押しわくをぬらして、下にあなごの½量を敷き、**1**のすし飯の¼量、**2**のしいたけの½量、再びすし飯の¼量の順で平らに入れ、押し板で押す。残りも同様にする。

4 落ち着いたらわくから抜き、ぬらした包丁で切り分けて盛り、**2**のみょうがを添える。

蒸し帆立てとれんこんの混ぜご飯

しっかり味の帆立てを使って、味つけは簡単に

材料（2人分）

蒸し帆立てのつくだ煮…小6～8個
れんこん…60g
酒…大さじ½
ⓐしょうゆ…小さじ2～3
　みりん…大さじ½
温かいご飯…300g
青のり粉…小さじ1

作り方

1 帆立てのつくだ煮は大きければ半分に切り分ける。

2 れんこんは皮をむいて薄いいちょう切りにし、水に放してアクを抜き、水けをきる。

3 鍋に水½カップ、酒、れんこんを入れて2～3分煮て、ⓐの調味料を加える。れんこんがやわらかくなったら**1**の帆立てを加え、煮汁が少し残るくらいまで煮詰める。

4 ご飯に、**3**を煮汁ごと加え混ぜる。器に盛って青のり粉をふる。

アレンジメニュー

蒸し帆立てのつくだ煮

蒸し帆立てと里いもの煮物

里いもに帆立てのうまみをプラス

材料（2人分）

蒸し帆立てのつくだ煮…¼量
里いも…300g
塩…少々
絹さや…5～6枚
だし汁…1½カップ
ⓐしょうゆ…大さじ1
　砂糖…大さじ½

作り方

1 里いもは洗って泥を落とし、天地を切って皮をむく。1個を2～3つに切り、塩をふってもんで洗い、下ゆでしてぬめりを取る。

2 絹さやは筋を取って、斜め半分に切る。

3 鍋にだし汁と**1**の里いもを入れ、落としぶたをして6～7分煮る。ⓐを加えて煮汁が⅓量以下になったら、帆立てのつくだ煮と絹さやを加えてひと煮する。

いかのトマトソース煮

**ボリューム感があって
メインのおかずになるので、
具だくさんの汁物を添えれば
豪華な献立に。
白ワインの風味もきいて
大人向けのテイストです。**

作り方

1 するめいかは胴から足を抜き、わたを切り取り、目とくちばしを除く。えんぺらをはずす。皮をむいてさっと洗い、水けをふく。胴を1cm幅の輪切りにし、足は5～6cm長さに切り、2本ずつに切り離す。えんぺらも細切りにする。

2 玉ねぎは縦に薄切りにする。トマトの水煮缶はフォークでつぶす。

3 鍋にオリーブ油、にんにく、**2**の玉ねぎ、赤とうがらしを入れて弱火でゆっくりと炒め、**1**のいかを加え(A)、さっと炒める。白ワインを加えて煮詰め、**2**のトマトの水煮缶を加える(B)。17～18分煮て、塩、こしょうで味をととのえる。

point
A

玉ねぎがしんなりしてきたら、いかを全部加える。

point
B

白ワインのアルコール分がとんだら、トマトの水煮缶を加える。

材料（作りやすい分量）

するめいか…４はい（約600g）
玉ねぎ…300g
トマトの水煮缶（ホール）…２缶（800g）
オリーブ油…大さじ４
にんにく（みじん切り）…２かけ
赤とうがらし…２本
白ワイン…¼カップ
塩…小さじ1½
こしょう…少々

保存
冷めたら密閉容器に入れ、
冷蔵で４～５日間。
冷凍で１か月間。

お弁当のヒント

チーズ焼きに

アルミケースにいかのトマトソース煮をソースごと入れる。ピザ用チーズ大さじ１をのせ、オーブントースターで３～４分焼く。

いかのトマトソーススパゲッティ

お友達を呼んで、おしゃれなランチタイムに

アレンジメニュー

材料（２人分）

いかのトマトソース煮…⅓量（400g）
スパゲッティ…200g
塩…適宜
にんにく（みじん切り）…１かけ
塩・こしょう…各少々
オリーブ油…大さじ２
イタリアンパセリ（みじん切り）…適宜

作り方

1 たっぷりの湯に塩（湯１ℓに対して塩小さじ２）を加えて、スパゲッティをゆでる。ゆで汁¼カップを残し、水けをきる。

2 ゆでている間に、フライパンに油を弱火で熱し、にんにくを入れてゆっくりと炒める。香りが出たら、トマトソース煮と**1**のゆで汁を入れて６～７分煮る。塩、こしょうを少し濃いめにふって火を止め、**1**のスパゲッティを加えて混ぜる。器に盛り、パセリをふる。

しめあじ

作り方

1 あじは頭を落とし、腹側を切って内臓を取り出し(A)、塩水で洗い、水けをふく。三枚におろす(B)(C)(D)。

2 バットにⓐの割合で5%の塩水を作り、**1**のあじを途中表裏を返して1時間ほど漬ける(E)。

3 あじを塩水から取り出して、塩水を捨てる。バットにあじを並べて酢を注ぎ(F)、10～15分漬ける。

4 食べる直前に腹骨をすき取り、小骨を骨抜きで除き、皮を頭のほうからむく。

point A

内臓は包丁でかき出して、きれいに取り除く。

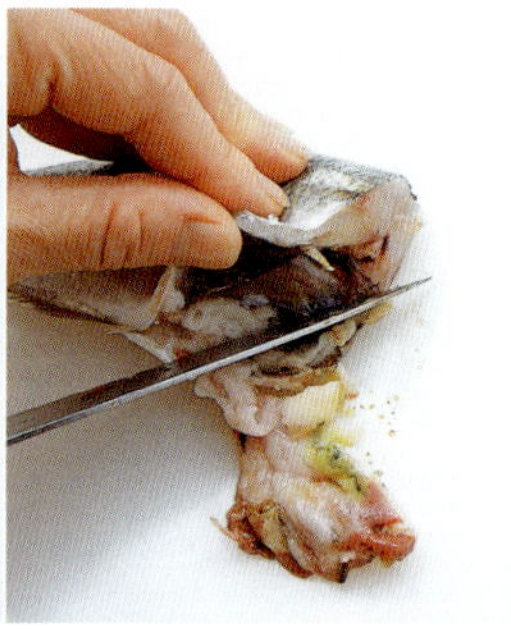

point B

頭側から中骨のすぐ上に包丁をねかせて入れ、尾のほうまで包丁をすべらせるようして切る。

point C

頭と尾の方向を変えて、尾のほうに向けて包丁を入れて切り取り、身をはずす。

point D

再び方向を変えて、皮目を上にし、頭のほうから中骨と身の間に包丁を入れ、同様にして身をはずす。

point E

あじを重ならないようにバットに並べ、塩水で余分な水分を出し、傷みを防ぐ。

point F

酢を全体に行き渡るようにかけ、あじをしめる。

材料(作りやすい分量)

あじ(刺し身用)…5～6尾
塩…適宜
ⓐ 水…5カップ
ⓐ 塩…50g
酢…1カップ

保存
酢をきって密閉容器に入れ、冷蔵で3～4日間。

盛りつけ

薬味野菜を添えて

あじ2尾分はそぎ切りにする。みょうが3本は縦半分に切って根元を切り、縦のせん切りにして水に放して水けをきる。貝割れ菜½パックは根元を切って洗い、水けをきる。あさつき2～3本は小口切りにする。器にあじ、みょうが、貝割れ菜を盛り合わせ、あさつきを散らす。しょうゆでいただく。

新鮮なあじが手に入ったら、
ぜひ作ってみたい一品です。
身のしまったあじの歯ごたえがたまりません。
作ったその日は、そのまま食べたり、
おすしにするのがおすすめです。

しめさば

作り方

1 バットに大さじ3～3½の塩を敷き、皮目を下にしてさばを並べ、上に残りの塩を背に多く、腹側にやや少なめにふり(A)、冷蔵庫に入れて6～7時間おく。

2 1を洗って塩を落とし、バットに並べて酢を注ぐ。途中表裏を返して30分ほど漬ける(B)。

3 食べる直前に腹骨をすき取り(C)、小骨を骨抜きで抜く(D)。皮を頭のほうからむく(E)。

材料(作りやすい分量)

さば(三枚に下ろしたもの)…2尾
塩…大さじ6～7
酢…2カップ

保存
酢をきって密閉容器に入れ、冷蔵で3～4日間。

point A
背のほうが身が厚いので塩を多めにふり、身の薄い腹側は少なめにふる。

point B
酢が全体に行き渡るように、さばを返したりしながら酢でしめる。

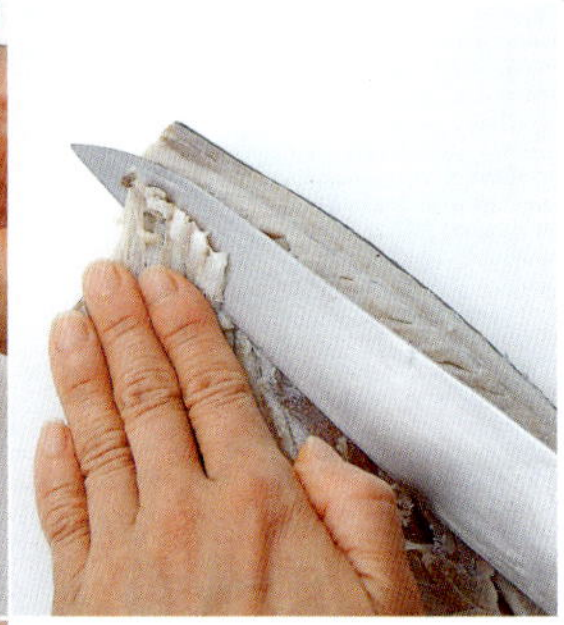

point C
腹側を左側にくるようにして置き、包丁でそぐようにして腹骨を切り取る。

point D
骨の先の取っ掛かりを骨抜きで挟んで、身をくずさないように引き抜く。

point E
皮を頭部のほうからゆっくり力強く引っ張るときれいにむける。

盛りつけ　八重造りにして

海藻ミックス(乾燥)10gは水に10～15分浸してもどし、水けをきる。さばを皮目を上にして腹側を手前にして置き、切り込みを2本入れてから1切れ分を切り離す。これを繰り返して切る。これを八重造りといい、とても美しい切り方。器に海藻を盛って青じそ2枚を敷き、さばの背の青いほうを向こう側にして盛る。きゅうりの小口切りに溶きがらし少々をのせて添える。

脂ののったさばを酢でしめて、
さっぱりと食べやすくし、
うまみも満点に仕上げました。
さばは肉厚なので食べ応えもあり、
豪華な食卓になります。

しめあじの混ぜずし

青じそとごまで風味を添えて

材料（2人分）

しめあじ…2尾分
温かいご飯…400g
ａ 酢…大さじ3
ａ 塩…小さじ$\frac{2}{3}$
ａ 砂糖…大さじ$\frac{2}{3}$
きゅうり…1本
塩…少々
青じそ…5〜6枚
卵…1個
サラダ油…少々
いり白ごま…大さじ2

作り方

1 ボウルにご飯を用意し、ａの合わせ酢をよく溶かして混ぜ、すし飯を作る。
2 しめあじはそぎ切りにする。
3 きゅうりは小口切りにして、塩をふって5〜6分おき、水けを絞る。青じそはせん切りにする。卵焼き器にサラダ油をひいて溶き卵を流し、薄く焼いて色紙に切る。
4 **1**のすし飯にあじ、きゅうり、青じそ、ごまを混ぜ、器に盛り、卵を飾りに添える。

アレンジメニュー

しめあじ

しめあじのからし酢みそあえ

ぬたにしめあじを使って味わい深く

材料（2人分）

しめあじ…1尾分
わけぎ…$\frac{1}{2}$束
ａ みそ…大さじ$1\frac{1}{2}$
ａ 砂糖…大さじ1
ａ 酢…大さじ1
ａ 溶きがらし…小さじ$\frac{1}{3}$

作り方

1 しめあじは薄くそぎ切りにする。
2 わけぎは3cm長さに切り、熱湯にかたい根元のほうを先に入れてゆで、残りも入れて1〜2分ゆでる。水けをきり、広げて冷ます。
3 ボウルにａの調味料を合わせて**1**と**2**を入れ、さっとあえて器に盛る。

しめさばとれんこんの酢の物

れんこんのしゃきしゃき感が合います

材料（2人分）

しめさば…半身分
れんこん…80g
酢…少々
紅たで…少々
ⓐ酢…大さじ$1\frac{1}{2}$
ⓐだし汁または水…大さじ1
ⓐ塩…少々
ⓐ砂糖…小さじ$1\frac{1}{2}$
青じそ…2枚

作り方

1 しめさばは薄切りにする。

2 れんこんは皮をむいて縦に4つ割りにし、2mm厚さに切り、酢水に5～6分漬ける。鍋に湯を沸かし、酢水から出したれんこんを入れて3～4分ゆでる。水けをきり、ⓐの合わせ調味料に漬ける。

3 ボウルに**1**、**2**、紅たでを合わせてあえる。器に青じそを敷き、酢の物を盛る。

アレンジメニュー

しめさば

さばの棒ずし

定番のバッテラはぜひマスターして

材料（2～3人分）

しめさば…1尾分
温かいご飯…600g（米2合の分量）
ⓐ塩…小さじ1
ⓐ砂糖…大さじ1
ⓐ酢…$\frac{1}{4}$カップ
しょうがの甘酢漬け…適宜
溶きがらし…大さじ1

作り方

1 1本ずつ作る。しめさばは皮を下にし、尾のほうを右にして、厚い部分をそぐ。皮目に斜めに浅く包丁目を入れる。

2 ⓐの合わせ調味料をよく混ぜ、ご飯にかけて混ぜ、すし飯を作る。冷めたら2つに軽くまとめる。

3 巻きすの上にぬれ布巾を対角に広げ、**1**のさばを皮を下にして背を手前にし、身の足りないところは**1**でそいだ身を足して、長方形になるようにする。溶きがらしを全体にぬり、**2**のすし飯をのせ、布巾で四角になるように包み、巻きすで形を整え、きつく押す。残りの1本も同様に作る。1本を8等分に切り、器に盛ってしょうがの甘酢漬けを添える。

たいの昆布じめ

point A

まんべんなく塩をふって、たいのくさみを消して、傷むのを防ぐ。

point B

塩をふって１～２時間おいた状態。水分がこの程度出てきたらふき取る。

材料(作りやすい分量)

たい(さく取りしたもの)…１尾分
塩…小さじ１～$1\frac{1}{2}$
昆布…20㎝長さを５～６枚

保存
昆布に挟んだまま密閉容器に入れ、冷蔵で４～５日間。

作り方

1 バットにまんべんなく塩を敷き、たいを重ならないように並べ、上にも塩をふる。1～2時間おいてしめる(A)。

2 昆布は水に20分ほどつけてもどし、水けをふき取る。

3 **1**のたいの表面に水分が出てきたら(B)、ペーパータオルでふき取る。**2**の昆布の間にたいを挟み(C)、昆布が浮いてきそうなら軽く重石をし、一晩おく。

point C

たいが重ならないように、すきまなく昆布に並べてぴっちりと挟む。

盛りつけ

上品な味わいの酢じょうゆをかけて

たいの昆布じめ100gは薄くそぎ切りにする。きゅうり$\frac{1}{2}$本はごく薄い小口切りにし、薄い塩水に5～6分漬け、水けをきる。あさつき2～3本は小口切りにする。酢大さじ1、だし汁(昆布だし)大さじ2、塩少々、薄口しょうゆ小さじ1$\frac{1}{2}$を合わせる。器に、たいの昆布じめ、きゅうりを盛り、合わせ調味料をかけて、あさつきを散らす。

昆布じめは、
魚に昆布のうまみが移って
独特のおいしさが生まれます。
刺し身感覚で食べられ、
昆布を刻んで添えて、
いっしょに食べるのも
おすすめです。

たいの黄身あえ

おもてなしになる上品な味わい

材料（２人分）

たいの昆布じめ…80g
卵…１個
塩…少々
青じそ…２枚
穂じそ…２本

作り方

1 たいの昆布じめは薄いそぎ切りにする。

2 卵はゆでて殻をむき、卵黄を取り出して裏ごしをする。小鍋に入れて塩を加え、弱火にかけてポロポロになったら、取り出して冷ます。

3 **1**のたいを**2**の黄身であえる。器に青じそを敷き、黄身あえを盛り、穂じそをあしらう。酢またはしょうゆでいただく。

たいの手まりずし

うっすらと見える木の芽の香りもよく

材料（２人分）

たいの昆布じめ…100g
温かいご飯…300g
ⓐ酢…大さじ２弱
ⓐ塩…小さじ½
ⓐ砂糖…大さじ½
木の芽…10枚
わさび…少々
みょうがの甘酢漬け…２本

作り方

1 ボウルに温かいご飯を入れ、ⓐの合わせ調味料を回しかけ、混ぜてすし飯を作る。冷まして10等分に分ける。

2 たいの昆布じめは薄くそぎ切りにして20枚分を切り取る。

3 ラップを広げ、**2**のたいを２枚１組みにして広げてのせ、木の芽１枚とわさび少々をのせる。等分にしたご飯をのせてラップで絞り、丸く形を整える。

4 器に**3**を盛り、縦半分に切ったみょうがの甘酢漬けを添える。しょうゆでいただく。

アレンジメニュー

たいの昆布じめ

たい茶漬け

下味をつけて味わいアップ

材料（２人分）

たいの昆布じめ…80g

ⓐ
- しょうゆ…大さじ１
- 酒…大さじ１
- みりん…小さじ１

三つ葉…少々

わさび…少々

温かいご飯…茶碗２杯分

すり白ごま…大さじ２

煎茶…適宜

作り方

1 たいの昆布じめは薄くそぎ切りにし、ⓐの調味料に 10 分漬ける。

2 三つ葉は葉先を摘み、軸は細かく切る。

3 **1** にすりごまを混ぜる。

4 器にご飯を盛り、**3**をのせ、**2**の三つ葉とわさびを添え、熱い煎茶をかける。

たいのカルパッチョ風

盛りつけを工夫して洋風に

材料（２人分）

たいの昆布じめ…100g

貝割れ菜…１パック

青じそ…10 枚

ⓐ
- わさび…小さじ¼
- しょうゆ…小さじ２
- 酢…大さじ½
- サラダ油…大さじ１

細ねぎ（小口切り）…適宜

作り方

1 たいの昆布じめは薄くそぎ切りにする。

2 貝割れ菜は根元を切り、青じそはせん切りにし、いっしょに４～５分水に放し、水けをきる。

3 ⓐの調味料を合わせる。

4 器に**1**と**2**を盛りつけ、ラップをかけて冷蔵庫で 10 ～ 20 分冷やす。ラップをはずし、**3**をかけ、細ねぎを散らす。

さわらの白みそ漬け

材料（作りやすい分量）

さわら…４切れ
塩…少々
ⓐ
- 白みそ…300g
- みりん…大さじ２
- 酒…大さじ１

保存
みそ床につけたまま冷蔵で３日間。４日以上おく場合は、みそ床から取り出して１切れずつラップで包んで、冷凍で２週間。みそ床はあと１〜２回使用できる。

作り方

1 さわらは薄く塩をふって（A）、一晩おく。

2 ボウルにⓐの調味料を合わせる（B）。

3 バットに**2**の半量のみそを敷き、ぬらしたガーゼを広げる。**1**のさわらを並べ（C）、上にガーゼをかぶせ、残りのみそを広げる（D）。冷蔵庫で１〜２日おく。

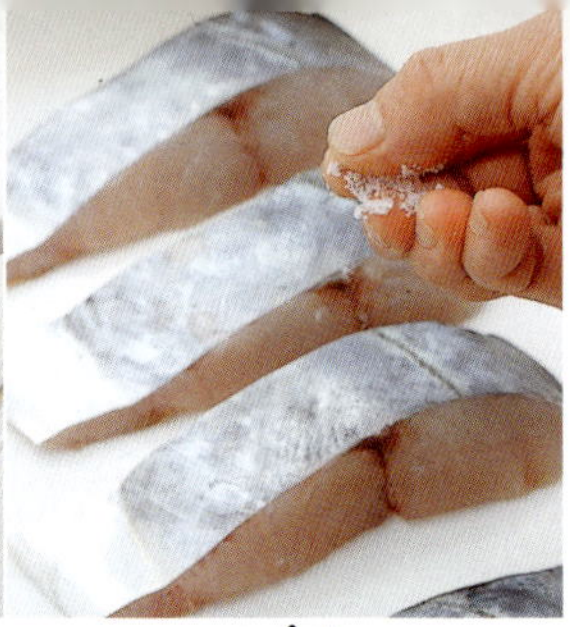

point A
全体に塩をふって、魚に下味をつける。

point B
みりんと酒で、みそを溶きのばすようにして混ぜる。

point C
みそ床の味が全体にしみわたるように、さわらは重ならないように並べる。

point D
ガーゼをかぶせ、みそをまんべくなく広げる。

ベーシックメニュー

さわらの白みそ漬け焼き

材料（2人分）と作り方

1 さわら2切れをみそ床から取り出し、1切れを半分に切る。グリルを熱してさわらを入れ、中火以下にして両面を焼く。

2 新しょうが2本は根元を筆形にくるりとむき、湯にさっと漬ける。酢、水各大さじ2、砂糖大さじ⅔、塩少々を混ぜたものに、筆しょうがの先を漬けて20分おく。

3 器に焼いたさわらを盛り、筆しょうがを添える。

白みそ漬けは
ほんのりと甘みがあって
上品な味わい。
焼くだけですぐに食べられるので、
簡単に手作りのおいしさが
味わえます。
このみそ床は、
たいなどの白身魚にも
向いています。

ぶりの赤みそ漬け

ぶりは脂がのっているので、みそ床はコクのある赤みそをベースに。このみそ床は青魚に向いていて、さばなどにもおすすめです。

point A
みそ床に漬けて１日おいた状態。しっかりと味がしみこんでいる。

材料（作りやすい分量）

ぶり…６切れ

ⓐ
- 赤みそ…400g
- 砂糖…100g
- みりん…大さじ３
- 酒…大さじ１

保存
長く漬けておくと水分が出てくるので、１日たったらみそ床から取り出す。１切れずつラップに包んで保存袋に入れて冷蔵で３～４日間。冷凍で２週間。みそ床はあと１～２回使用できる。

作り方

1 ボウルにⓐを合わせ混ぜ、みそを溶きのばす。

2 バットに1のみその半量を広げ、ぬらしたガーゼを敷き、ぶりを重ならないように並べ、ガーゼをかぶせ、残りのみそを広げる。冷蔵庫で1日おく（A）。

ベーシックメニュー

ぶりの赤みそ漬け焼き

材料（2人分）と作り方

1 グリルを熱し、ぶり2切れをみそ床から取り出して、中火で両面を焼く。

2 きゅうり½本は一口大の乱切りにする。塩少々をふって10分ほどおき、軽く絞る。

3 器に焼いたぶりを盛って、きゅうりを添える。

いかのみそ粕漬け

酒粕の風味がきいていて、
酒の肴にぴったり。
お父さんの晩酌に、
さっと焼いてあげるととっても喜ばれそうです。

材料（作りやすい分量）
するめいか…4はい
酒粕…300g
ⓐ
- 赤みそ…150g
- みりん…大さじ4
- 酒…大さじ1

しょうが…10g

保存
みそ床から取り出し、
1枚ずつラップに包んで
保存袋に入れて、冷蔵で3～4日間。
冷凍で2週間。
みそ床はあと1～2回使用できる。

作り方

1 するめいかは胴から足を抜き、わたを切り取り、目、くちばしを取り除く。胴を開いて水で洗い、水けをふき取る。

2 フードプロセッサーに、酒粕をちぎり入れて、ⓐの調味料も加え、なめらかになるまで1～2分回転させる。

3 バットに**2**を半量広げ、ぬらしたガーゼを敷き、**1**のいかの胴と足を並べ、ガーゼをかぶせ、残りの**2**を広げる。冷蔵庫で1日おく。

ベーシックメニュー

いかのみそ粕漬け焼き

材料（2人分）と作り方

1 みそ床からいか1ぱいを取り出し、皮目に1cm幅に浅く切り込みを入れる。グリルを熱し、中火にしていかを両面焼く。

2 2cm幅に切って器に盛り、おろししょうが適宜を添える。

あじの干物

材料(作りやすい分量)

あじ…4尾
塩…適宜
ⓐ
- 水…2½カップ
- 塩…大さじ1
- 酒…大さじ1

保存
1枚ずつラップで包んで袋に入れ、冷蔵で3〜4日間。冷凍で1か月間。

作り方

1 あじは腹から切り開いて内臓を取り除く。頭も切り開き(A)、えらぶたを取り除き、3%の塩水できれいに洗う。

2 バットにⓐの液を作り、**1**のあじを漬け(B)、1時間〜一晩おく。(1時間では甘塩、一晩ではほどよい塩けになる)

3 **2**を水けをきってバットに並べ(C)、ラップをせずに一晩冷蔵庫に入れて乾燥させる(D)。または、1〜2時間扇風機の風に当ててもよい。

point **A**
腹側から頭の部分に包丁を入れて、きれいに切り開く。

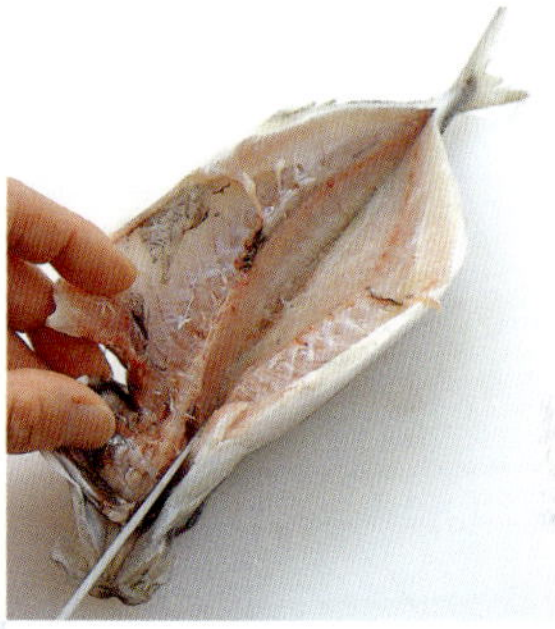

point **B**
あじの向きを交互にし、途中で表裏を入れ替える。

point **C**
バットの上に網をのせてから、身を下にしてあじを並べる。

point **D**
干しあがった状態。乾燥している途中であじを裏返す。

ベーシックメニュー

あじの干物焼き

材料(2人分)と作り方

1 グリルを熱して中火にし、あじ2尾を皮目から焼いて、途中返して両面を焼く。

2 器に盛って、大根おろし適宜を添える。

家庭で干物が作れるのは
嬉しいもの。
できた当日のフレッシュ感のある
干物の味わいは格別で、
自家製だからこそ味わえるものです。
冷蔵庫での乾燥はにおいも気になりません。

きんめだいの干物

材料（作りやすい分量）

きんめだい…５～６切れ

ⓐ
- 水…$2\frac{1}{2}$カップ
- 塩…25g
- 酒…大さじ１

保存

１切れずつラップに包んで
保存袋に入れ、
冷蔵で３～４日間。
冷凍で１か月間。

作り方

1 バットにきんめだいを並べる。ボウルにⓐの液を合わせてバットに注ぎ（A）、一晩漬ける。

2 きんめだいは表面の水けをふき取る（B）。脱水シートに挟み（C）、２～３時間おいて水けを取る（D）。または、２～３時間扇風機の風に当てて乾燥させてもよい。

point A

きんめだいは脂分が多く、身が厚いので、５％の塩水にやや長めに漬ける。

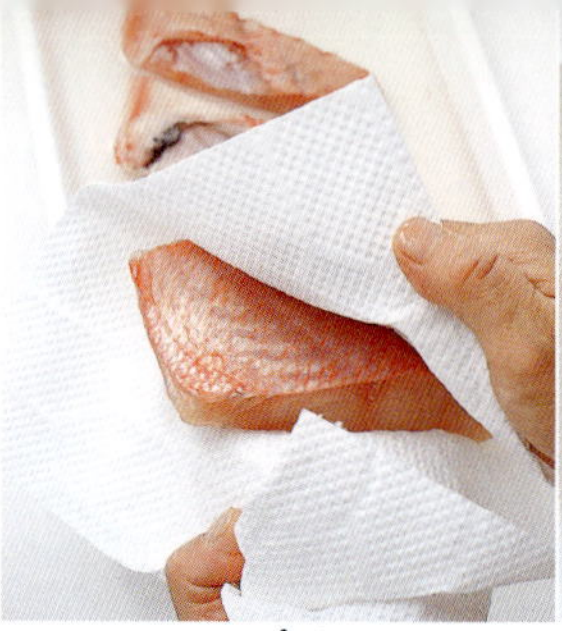

point B

ペーパータオルで包むようにして、表面の水けをきれいにふき取る。

point C

空気ですき間ができないように、脱水シートにぴったり挟むようにする。

point D

干し上がった状態。水分が抜けているので押すと身がしまっているのがわかる。

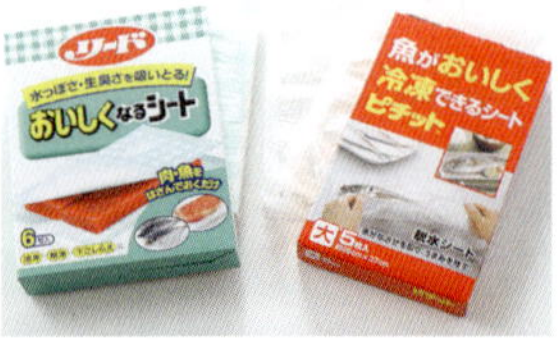

脱水シート

魚や肉を挟むだけで余分な水分や生ぐさみを吸い取るシート。干物や燻製にするときは、魚に水分が多く残っていると、傷みやすいのでしっかり水分を抜くようにします。空気が入らないようにぴったりと魚に接触させて挟むのがポイントです。

ベーシックメニュー

きんめだいの焼き物

材料（2人分）と作り方

1 グリルを熱し、中火にしてきんめだい2切れを皮目から焼いて、途中で裏返して両面を焼く。

2 器に盛って、搾りやすく切ったすだちを添える。

お弁当のヒント

小さく切って照り焼きに

きんめだい１切れを３つに切って小麦粉をまぶす。フライパンにサラダ油小さじ$1\frac{1}{2}$を熱し、両面を焼く。ペーパータオルで油をふいて、しょうゆ・みりん各小さじ１、水大さじ１を入れて火にかけ、きんめだいに煮からめる。

きんめだいは
脂がのっているので、
やや強めの塩かげんで浸します。
プリッと身がしまって
うまみが凝縮されています。
彩りも美しいので
食卓を華やかにしてくれます。

さんまのみりん干し

材料(作りやすい分量)
さんま…4尾
塩…適宜
いり白ごま…大さじ1
みりん…少々
ⓐ しょうゆ…1/4カップ
　酒…1/4カップ
　みりん…1/4カップ
　砂糖…大さじ1

保存
1枚ずつラップに包んで
保存袋に入れ、
冷蔵で3〜4日間。

作り方

1 さんまは頭を切り落とし、腹を切って内臓を取り出す。塩水で洗い、水けをふき取り、三枚に下ろす。

2 鍋にⓐの調味料を合わせ、1/3量くらいになるまで煮詰めて(A)、完全に冷ましておく。

3 バットにさんまを並べ、**2**の液を注ぎ(B)、途中表裏を返しながら3〜4時間漬ける。バットの上に網をのせ、その上にさんまを並べる。ラップをせずに一晩冷蔵庫に入れて乾燥させる。または、2時間扇風機の風に当ててもよい。

4 **3**に薄くみりんをはけでぬり(C)、ごまを全体にふる(D)。

point A
調味液が焦げないように様子を見ながら煮詰める。

point B
さんまは皮目を下にして重ならないように並べ、完全に冷めた調味液を注ぐ。

point C
身のほうにみりんをぬって表面につやを出し、ごまをつきやすくする。

point D
ごまをまんべんなくふって、1〜2分ほどおく。

ベーシックメニュー

さんまのみりん干し焼き

材料(2人分)と作り方
グリルを熱し、中火以下にしてさんま1尾分を3〜4分焼く。身が薄いので時間が短くても香ばしく焼ける。食べやすい大きさに切って器に盛る。

秋ならではのさんまを、
塩焼きのほかにも
味わってみたいもの。
ほんのり甘く香ばしい味わいで、
ふっくらとした身の食感はたまりません。
作りたてをぜひ味わってみて。

いかの塩辛

point A

胴と内臓がくっついているところを指ではずし、足を引っ張ってわたごと引き抜く。

point B

えんぺらを取って、皮がむけている部分を指がかりにして皮をしっかり持ち、引っ張って皮をむく。

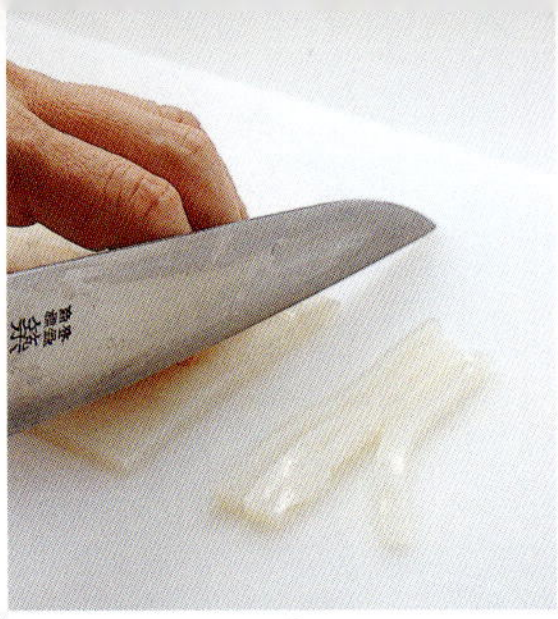

point C

胴は縦に半分に切ってから横にして1cm幅に切る。

point D

わたに塩をたっぷりふって生ぐさみを取り、水分をひき出す。水分を出すことで傷みにくくする。

材料（作りやすい分量）

するめいか…2はい（500g）

ⓐ
- 塩…小さじ2
- 酒…大さじ2

塩…大さじ1

ⓑ
- しょうゆ…大さじ½
- 塩…小さじ¼〜½

保存

密閉容器に入れたまま、冷蔵で10日間。保存している間はときどき混ぜる。

作り方

1 いかは胴から足を抜き（A）、わたを切り取り、目とくちばしを取り除く。胴から軟骨を抜き、えんぺらを取る。胴の皮をむき（B）、切り開いて洗い、水けをふく。えんぺらも皮をむいて洗い、水けをふく。

2 **1**の胴は1cm幅に切る（C）。えんぺらも1cm幅に切り、足は1本ずつ切って2〜3cm長さに切る。ボウルにⓐを入れ、切ったいかを入れ、冷蔵庫に入れて一晩おく。

3 わた2はい分はすみを取り除き、全体に塩をふって、冷蔵庫に入れて一晩おく（D）。塩を洗って、水けをふき取り、わたを切り開いて包丁でたたく。

4 ボウルに**2**と**3**を合わせ、ⓑを加え混ぜる。密閉容器に移して冷蔵庫に入れ、3日ほどおく。

盛りつけ

小鉢に盛っておしゃれに

少量を小鉢に盛り、ゆずの皮を少し削ってのせる。日本酒に合う珍味として最高。日に日に味わいが変化するので、毎日少しずつ食べて味わいを楽しむとよい。

するめいかは、
わたが大きいので、
塩辛におすすめ。
新鮮なするめいかが手に入ったら
ぜひ試して。
ゆずで香りを添えるのも
おいしいものです。

いくらのしょうゆ漬け

透明感のある美しいいくらのしょうゆ漬けは、酒の肴には欠かせない一品。ご飯にも合うので家族みんなで楽しめる味わいです。

point
A
湯に入れると表面の薄皮が開いて、１粒ずつはずしやすくなる。

point
B
水に移して、軽くこするようにして薄皮をはずす。皮が残っていると生ぐさいのでていねいに。

point
C
塩水で洗うと、いくらの表面が白くにごらない。

材料（作りやすい分量）

筋子…300g
塩…適宜
酒…大さじ２＋¼カップ
薄口しょうゆ…大さじ２
みりん…大さじ１～２

保存
密閉容器に入れたまま、冷蔵で１週間。

作り方

1 鍋に80度の湯を用意し、筋子を入れる（A）。筋子の薄皮が開いているときは鍋の湯に入れ、薄皮が袋状になって開いていないときは80度の湯をかけるとよい。

2 湯から取り出してボウルの水に移し、１粒ずつ薄皮からはがすようにする（B）。薄皮が取れたら、３％の塩水に移して洗う（C）。ざるに上げて水けをきり、酒大さじ2を全体にふりかける（D）。

3 小鍋で酒¼カップを煮きって、薄口しょうゆ、みりんを加えてさっと煮立てて漬け汁を作り、冷ます。

4 密閉容器に**2**のいくらを入れ、**3**の漬け汁を加える（E）。2日目から食べられる。

いくらとかぶのあえ物

いくらのしょうゆ味で味つけいらず

材料（2人分）

いくらのしょうゆ漬け…1/4カップ（50g）
かぶ…２個
塩…少々

作り方

1 かぶは実と葉に分ける。実は皮をむいてから縦半分に切って塩をふって軽くもむ。葉はさっとゆでて３～4cm長さに切る。

2 ボウルに汁けをきったかぶの実と葉を入れ、いくらのしょうゆ漬けを加えてあえ、器に盛る。

アレンジメニュー

point D

全体に酒をかけることで、傷みにくくする。

point E

漬け汁は完全に冷ましてから加える。

いくら丼

ベーシックメニュー

材料（2人分）**と作り方**

1 どんぶり2つに温かいご飯適宜をそれぞれ盛り、いくらのしょうゆ漬け1/8カップ（25g）ずつをのせる。

2 青じそのせん切り各1枚分とわさび適宜をのせる。

銀だらと赤めばるの燻製

作り方

1 小鍋にⓐを合わせ、一煮して冷ます。バットに移し、銀だらを並べる。途中何度か返しながら1時間ほど漬ける（A）。

2 赤めばるは包丁でうろこを除き、盛りつけたときに裏側になるほうに切り込みを入れる。えらと内臓を取り除き、塩水で洗って水けをふく。塩小さじ2をふり（B）、1時間ほどおく。

3 1と2の表面の水けをふき取る。脱水シートに挟んで（C）、冷蔵庫に入れて一晩おく。

4 燻製用の鍋の底にアルミホイルを2～3重に敷いて、赤ざらめとチップを入れて混ぜる（D）。専用の網をのせ、銀だらとめばるをのせ、網の両端に菜箸を置いてふたをし（E）、こんろにのせる。

5 中火にして、煙が出てきたら弱火にし、1～1時間半くらいスモークする。

材料（作りやすい分量）

銀だら…４切れ

ⓐ
- しょうゆ…1/4カップ
- 酒…1/4カップ
- 砂糖…大さじ１
- みりん…大さじ２

赤めばる…３～４尾

塩…適宜

燻煙チップ…200 ～ 300g

赤ざらめ…大さじ２～３

保存

１つずつラップに包んで保存袋に入れ、冷蔵で１週間。

point **A**

銀だらに漬け汁がしみこみやすいように何度か返す。

point **B**

塩焼きするときよりも多めに塩をふって、生ぐさみを取る。

point **C**

バットに脱水シートを敷いて、銀だらとめばるをのせ、上から脱水シートで空気が入らないようにぴったり包む。

point **D**

赤ざらめを加えることで、燻製につやのよい色がつきやすくなる。

point **E**

菜箸を置いて空気口を作ることで、鍋の中の温度を一定に保てる。

赤ざらめとチップ

赤ざらめ（左）は、燻製のつやをよくして独特の色をつけるためと煙を出しやすくするために加えます。チップ（右）は枯れ木を粉砕したもので、煙を発生させるもとになります。さくら、ならなどがあり、香りが違うので好みのものをみつけてみるのも楽しいでしょう。

簡易燻製用鍋

直径60㎝くらいで、専用の網がついていて、本体とふたはどちらも中華鍋のように丸みがあります。煙をいぶすときに、ある程度の容積が必要なので、このような丸みが必要となります。使うときは、鍋の底が焦げやすいので、必ずアルミホイルを敷くようにしましょう。中華鍋、焼き網、大きめのボウル（ふた用）で代用することもできます。

市販の燻製は
低温で何日もかけて
燻煙したものですが、
家庭ではキッチンで
簡易燻製用鍋を使って
短時間でできる方法で作ります。
市販のものよりややかためですが、
香ばしさは満点です。

ソテー

かじきのカレーソテー

材料(作りやすい分量)

かじきまぐろ…6切れ
塩…少々
カレー粉…大さじ1強
小麦粉…適宜
サラダ油…大さじ2

保存
冷めたら密閉容器に入れ、
冷蔵で3～4日間。
冷凍で1か月間。

作り方

1 かじきまぐろは1切れを4つくらいに切り分け、塩を全体にふり、カレー粉もふる(A)。3～4分おいてから、小麦粉を押しつけるようにしてまぶす(B)。

2 フライパンにサラダ油を中火で熱し、1のかじきまぐろを焦げないように両面焼く(C)。

3 バットにペーパータオルを敷いて、焼けた2をのせ、油をきる。

point A
カレー粉は片面にふったら裏返して再びふり、両面にまんべんなくつける。

point B
カレー粉の上に小麦粉をつけるときは、つきにくいので押しつけるようにする。

point C
カレー粉が焦げやすいので、こまめに返して両面を焼く。

盛りつけ

彩り野菜を添えて

グリーンリーフ2枚を手でちぎる。ミニトマト2個はへたを除き、4つ割りにする。器に、グリーンリーフを敷き、かじきのカレーソテーを盛り、ミニトマトとレモンのくし形切りを添える。

お弁当のヒント

ロールパンに挟んで

ロールパン1個に切り込みを入れて、切り込みにマヨネーズ大さじ½をぬる。レタス少々、トマトの薄切り1枚、きゅうりの薄切り2枚、かじきのカレーソテー2切れを彩りよく挟む。

かじきまぐろの切り身は下処理をしないですみ、
扱いが楽なので料理初心者におすすめです。
淡泊な味わいに、スパイシーなカレーの風味をプラスして、子どもも大好きなおかずに。

かじきとキャベツの蒸し煮

たっぷりの野菜でボリューム満点

材料（2人分）

かじきのカレーソテー…150g
にんじん…50g
キャベツ…300g
固形スープの素…⅓個
カレー粉…大さじ½
塩…少々
オリーブ油…大さじ1

作り方

1 にんじんは薄い半月切りにし、キャベツはしんを取ってざく切りにする。

2 鍋に水1カップと固形スープの素を入れて火にかけ、カレー粉、塩、オリーブ油を入れる。**1**の野菜とかじきを上にのせ、ふたをして中火で15～16分蒸し煮にする。ふたを取って汁を少し煮詰め、塩で味をととのえる。

かじきのカレー

煮込む時間が短いから短時間でできる

材料（2～3人分）

かじきのカレーソテー…200g
玉ねぎ（薄切り）…1個
パプリカ（赤・黄）…各½個
ズッキーニ…½本
にんにく（みじん切り）…1かけ
しょうが（みじん切り）…5g
赤とうがらし…1本
カレー粉…大さじ1½～2
トマトケチャップ…大さじ2
ローリエ…1枚
固形スープの素…1個
牛乳…¼カップ
サラダ油…大さじ1½
塩…適宜
温かいご飯…2～3皿分

作り方

1 パプリカは種を除き、2～3cm角に切る。ズッキーニは1cm幅に切る。

2 鍋にサラダ油を入れて弱火にかけ、にんにく、しょうが、赤とうがらし、玉ねぎを入れてゆっくりと炒める。しんなりしてきたら、**1**を加えて炒め合わせる。カレー粉、ケチャップを加えてさらに炒め、固形スープの素と湯2½カップ、ローリエを加えて20分ほど煮る。

3 **2**に牛乳とかじきを加えて軽く混ぜ、とろみが出てきたら塩で味をととのえ、皿に盛ったご飯にかける。

アレンジメニュー
かじきのカレーソテー

夏野菜をふんだんに使ってカラフルに

かじきとなすとミニトマトのソテー

材料（2人分）

かじきのカレーソテー…150g
なす…2個
ミニトマト…8個
バジル…少々
赤とうがらし…小1本
にんにく（みじん切り）…½かけ
白ワイン…大さじ1
塩・こしょう…各少々
オリーブ油…大さじ1½

作り方

1 なすはへたを除き、一口大の乱切りにする。ミニトマトはへたを除く。バジルは葉をちぎり、赤とうがらしは種を除き、小口切りにする。
2 フライパンに油を熱してなすを炒め、にんにく、赤とうがらしを加え、なすがしんなりしたら、ミニトマトを加えてフォークでつぶす。
3 **2**に白ワイン、塩、こしょうをふって、かじきを加えてひと炒めし、**1**のバジルを加えてさっと炒め合わせる。

めんどうな具作りも、かじきで簡単に

かじきの揚げ春巻き

材料（2～3人分）

かじきのカレーソテー…100g
しいたけ…2枚
ピーマン…2個
長ねぎ…10cm
春巻きの皮…5枚
ⓐ
- ごま油…大さじ½
- しょうゆ…小さじ1
- 塩・こしょう…各少々

揚げ油…適宜
小麦粉・水…各大さじ1
パセリ…少々
からし酢じょうゆ…適宜

作り方

1 かじきは細切りにする。
2 しいたけは軸を除いて薄切りにする。ピーマンはせん切りにする。長ねぎは縦半分に切って斜め薄切りにする。ボウルに入れてⓐを全体にかけて混ぜ合わせる。
3 春巻きの皮を広げ、中央にかじきのソテーの⅕量と**2**の⅕量をのせて、細長く包み、小麦粉を水で溶いて作ったのりで端をとめる。
4 揚げ油を170℃に熱し、**3**をカラリと揚げる。半分に切って器に盛り、パセリを添える。からし酢じょうゆでいただく。

たらのでんぶ

子どもが大好きなでんぶは、大人のお弁当にも大活躍します。生ぐさみをしっかり抜いてやさしい甘みで上品な味わいです。

材料（作りやすい分量）

生だら…3切れ
ⓐ
- 塩…小さじ1/3強
- 砂糖…大さじ3
- 酒…大さじ2

食紅…少々

保存
冷めたら密閉容器に入れ、冷蔵で1週間。冷凍で2週間。

作り方

1 沸騰した湯にたらを入れて（A）、6〜7分ゆでて取り出す。冷めたら皮と骨を除き、粗くほぐす。

2 1をぬれた布巾で包んで水の中でもみ洗いし（B）、たらの身がほぐれて水が透き通ってきたら、身だけを小鍋に移す。

3 2の小鍋にⓐを加えて混ぜ合わせ、弱火で焦がさないようにからいりし、水分がとんでポロポロになってきたら、半分ずつに分ける。

4 食紅を数滴の水で溶いて、3の一方に少量を落として混ぜ、淡いピンク色に色づけする。

point A
湯が沸騰していないと、身がしまらないので、湯が沸騰してから入れる。生ぐさみが取れる。

point B
水の中で洗ってくさみと余分な脂分を取り、細かくほぐす。

さけそぼろ

ご飯のふりかけや、お茶漬けのおともに
欠かせないさけのそぼろ。
瓶に詰めてお友達に
さしあげても喜ばれそうです。

材料（作りやすい分量）

甘塩さけ…３切れ

ⓐ
- 酒…大さじ２
- しょうゆ…大さじ½
- みりん…大さじ½

塩…少々

いり白ごま…大さじ２

保存

冷めたら密閉容器に入れ、
冷蔵で４～５日間。
冷凍で２週間。

作り方

1 グリルを熱し、さけを入れて両面を焼く（A）。取り出して、少し冷めたら骨と皮と除いてほぐす。

2 鍋に**1**とⓐを入れて弱火にかけ、焦げないようにいる。

3 **2**がポロポロになったら塩で味をととのえ、ごまをふってさっと混ぜる。

point A

さけは骨や皮が除きやすいように、グリルで両面を焼く。

でんぶずし

紅白のでんぶではなやかに

材料（2人分）

たらのでんぶ（ピンク・白）…各大さじ2

温かいご飯…300g

ⓐ
- 酢…大さじ2弱
- 塩…小さじ½
- 砂糖…大さじ½

きゅうり…1本

塩…少々

作り方

1 ご飯に、よく溶いたⓐの調味料を加え、混ぜ合わせてすし飯を作る。

2 2つの幕の内型をぬらして、一方の型の底にピンク色のでんぶ、もう一方の底に白色のでんぶを入れる。**1**のすし飯をそれぞれに均等に入れて型で押し、取り出す。

3 きゅうりはところどころ皮をむいて一口大の乱切りにし、塩をふって5～6分おく。

4 器に**2**のでんぶずしを盛り、**3**のきゅうりを添える。

アレンジメニュー

でんぶ・そぼろ

白菜のそぼろあえ

淡泊な白菜に濃厚な味のそぼろを合わせて

材料（2人分）

さけそぼろ…½カップ

白菜…200g

ⓐ
- しょうゆ…大さじ½～1
- 削りがつお…5g
- みりん…大さじ½

作り方

1 白菜は葉をはずし、沸騰した湯に1枚ずつ入れて2～3分ゆでる。縦半分に切って1cm幅に切り、水けを絞る。

2 ボウルに**1**、さけそぼろ、ⓐを入れて全体に混ぜ合わせ、器に盛る。

豆・乾物の常備菜

滋味豊かな味わいで昔から愛されてきた豆や乾物は、食物繊維やミネラルなど栄養価が高く、現代人の食生活にもっと頻繁にとり入れたい食材です。大急ぎの日にもささっと応用がきく常備菜にして、昔ながらの素朴な味を毎日の食卓に気軽に登場させましょう。

指導／夏梅美智子

チリコンカン

材料（作りやすい分量）
大福豆（ドライパック）…２缶（260g）
合いびき肉…200g
にんにく（みじん切り）…１かけ
玉ねぎ（1cm角の角切り）…１個
にんじん（粗みじん切り）…½本
セロリ（1cm角の角切り）…½本
サラダ油…大さじ２
ⓐ
- チリパウダー…大さじ２
- 塩…小さじ１
- ウスターソース…大さじ３
- こしょう…少々
- 固形スープの素（チキン味）…１個

トマトの水煮缶…１缶（400g）

保存
冷めたら密閉容器に入れ、
冷蔵で４～５日間。
冷凍で２週間。

作り方

1 鍋にサラダ油を熱し、にんにくを炒めて香りが出たら、玉ねぎ、にんじん、セロリを加え、中火で2～3分炒める。

2 合いびき肉を加えてほぐしながら炒め(A)、肉の色が変わってきたら、ⓐの調味料を加えて(B)ひと混ぜし、大福豆を加える(C)。

3 トマトの水煮缶を加え(D)、中火のまま１～２分炒め、ふたをして弱火で３～４分煮る。

point A
木べらで切るようにほぐしながら、ポロポロになるまで炒める。

point B
調味料を加えたら、味が全体になじむように混ぜ合わせる。

point C
大福豆を加えて、底から大きく返して混ぜ合わせる。

point D
トマトはホール状のものはざく切りにして加える。

お弁当のヒント

マッシュポテトを敷いて

じゃがいも１個は洗ってラップで包み、電子レンジで２分加熱し、裏返してさらに２分加熱する。すりこ木でつぶしながら皮を除く。アルミカップなどにじゃがいもを敷いてチリコンカンをのせる。マッシュポテトが汁けを吸って汁もれの防止にもなる。

ほどよいピリ辛味で、
ご飯にもパンにも合うのが魅力。
メイン料理にもつけあわせにもなる
変幻自在なおかずです。

うずら豆と鶏肉のカレー煮込み

鶏肉がたっぷりでボリューム感があるので、メインのおかずにもおすすめ。スパイスがきいてご飯もすすみます。

盛りつけ

香菜で香りをプラス

温めて器に盛り、2㎝長さに切った香菜を添える。混ぜながら食べるとエスニック風で香りがよい。

材料（作りやすい分量）

うずら豆（乾燥）…200g
鶏骨つきぶつ切り肉…400g
ⓐ
- 塩…小さじ½
- カレー粉…大さじ１

にんにく（粗みじん切り）…１かけ
玉ねぎ（粗みじん切り）…１個
ⓑ
- 赤とうがらし…１本
- クミンシード…小さじ１
- シナモンスティック…１本

ⓒ
- カレー粉…大さじ1½
- 塩…小さじ１
- トマトケチャップ…大さじ２
- 水…３カップ

サラダ油…大さじ２

保存
冷めたら密閉容器に入れ、冷蔵で４〜５日間。冷凍で２週間。

point A

しっかり炒めて、鶏肉に香りやうまみを移す。

作り方

1 うずら豆はさっと洗い、たっぷりの水に一晩つける。そのままゆでこぼし、水をかえてやわらかくなるまで約30分煮る。

2 鶏肉はⓐをまぶしておく。

3 フライパンにサラダ油を熱し、にんにく、玉ねぎを炒め、ⓑを加えて中火で4〜5分炒める。2を加えて、中火で2〜3分炒める（A）。1の水けをきってⓒとともに加え、弱めの中火でときどき混ぜながら約15分煮る。

金時豆とスペアリブのトマト煮

さっぱりとした味の金時豆とエリンギに、下味にはちみつを使ってコクをプラスしたスペアリブがベストマッチしています。

材料(作りやすい分量)

金時豆(ドライパック)…３缶(約390g)
スペアリブ…500g
ⓐ 塩…小さじ½
　 はちみつ…大さじ２
にんにく…１かけ
玉ねぎ(粗みじん切り)…１個
エリンギ…２本
サラダ油…大さじ１½
ⓑ トマトの水煮缶…１缶
　 塩…小さじ１
　 こしょう…少々
　 水…１カップ
塩…少々

保存
冷めたら密閉容器に入れ、冷蔵で４～５日間。冷凍で２週間。

作り方

1 スペアリブはⓐをまぶしつけておく。にんにくは縦半分に切ってしんを除き、包丁の腹でつぶす。エリンギは縦に４つに切ってから一口大に切る。

2 フライパンにサラダ油大さじ１を熱し、**1**のにんにくを炒めて香りが出たら、玉ねぎを加えてしんなりするまで炒める。**1**のスペアリブを加えて中火で５～６分焼く。

3 ⓑを加えて、弱めの中火でふたをして5分煮る。金時豆を加え(A)、ふたをしてさらに10分煮る。

4 別のフライパンにサラダ油大さじ½を熱し、**1**のエリンギを中火で炒めて塩で調味する。**3**に加えてひと煮立ちしたら、火を止める。

point A

スペアリブに火が通って味がなじんだら豆を加える。

とら豆のサラダ

材料(作りやすい分量)
とら豆(乾燥)…300g
玉ねぎ(みじん切り)…1/4個
塩…小さじ1/3
ⓐ
- 塩…小さじ1
- こしょう…少々
- 酢…1/2カップ
- オリーブ油…大さじ3

保存
密閉容器に入れ、
冷蔵で4〜5日間。
冷凍で2週間。

作り方

1 とら豆はさっと洗ってごみを除き、たっぷりの水に一晩つける。そのままゆでこぼし、新しい水にかえて再びゆでる。煮立ったら弱火にしてふたをし、やわらかくなるまで1時間ほどゆでる。火を止めてそのまま冷ます(A)。

2 玉ねぎは塩をふって(B)しんなりさせ、ペーパータオルで水けを絞る。ボウルにⓐの材料を合わせ、玉ねぎを加えてドレッシングを作る。

3 **1**のとら豆をざるに上げて水けをきり(C)、**2**に加えて混ぜる(D)。

point A
ゆで汁につけたまま冷ますことで、豆の表面にしわができるのを防ぐ。

point B
塩をふって全体によく混ぜてしんなりさせ、玉ねぎのくさみをおさえる。

point C
仕上がりが水っぽくならないように、しっかり水けをきる。

point D
全体を混ぜ合わせて、味をなじませる。

ベーシックメニュー

とら豆とゆで卵のサラダ

材料(2人分)と作り方

1 とら豆のサラダ200gをざっとつぶす。むきえび50gはさっとゆで、それぞれ3〜4等分してコロコロに切る。ゆで卵1個は白身は粗いみじん切りに、黄身はつぶす。きゅうり1本は小口切りにし、塩水につけてしんなりさせ、水けを絞る。

2 すべてをボウルに合わせ、マヨネーズ大さじ2を加えて混ぜる。

お弁当のヒント

ミックスベジタブルをプラス

冷凍ミックスベジタブル適宜を熱湯でさっとゆでて解凍し、とら豆のサラダ適宜と合わせる。カラフルな副菜に。

玉ねぎのみじん切りを
ベースにしたシンプルなドレッシングで、
ふっくらゆであがった、とら豆をあえました。
そのまま食べても、刻んだ野菜を
プラスしてあえてもいいでしょう。

五目豆

材料（作りやすい分量）

大豆（ドライパック）…２缶（280g）
こんにゃく…50g
にんじん…１本
干ししいたけ…３枚
昆布…20g
ⓐ
- だし汁…1½カップ
- 砂糖…大さじ２
- しょうゆ…大さじ１
- 塩…少々

保存
冷めたら密閉容器に入れ、冷蔵で４～５日間。

作り方

1 こんにゃくとにんじんは１cm角に切って、それぞれ別の鍋で下ゆでし（A）、ざるに上げて水けをきる（B）。

2 干ししいたけは½カップのぬるま湯につけてもどし、軸を除いて１cm角に切る。もどし汁はとっておく。昆布は１cm角に切る。

3 鍋に**1**、**2**と大豆を合わせ入れ、ⓐと**2**の干ししいたけのもどし汁を加えて火にかけて、煮立ったら弱めの中火にして落としぶたをする（C）。アクをていねいに取り（D）、約20分煮て火を止めて、そのまま冷ます。

point A
こんにゃく特有のくさみは下ゆでして抜く。

point B
にんじんはさっとゆでると、味がしみこみやすい。

point C
煮汁が蒸発しにくく、材料に行き渡るように落としぶたをする。

point D
ときどき落としぶたをはずして、アクをていねいに除く。

盛りつけ

さやいんげんをプラスして

さやいんげん80gを塩少々を加えた熱湯で１分ほどゆでて水にとり、１cm長さに切る。五目豆適宜に加えてさっと混ぜ、器に盛る。

カロリーが低く、ヘルシーな材料を
組み合わせた五目豆は、
大豆のたんぱく質のほかに、
ビタミンやミネラルも豊富です。
献立に添えるだけで、
栄養のバランスもよくなります。

紫花豆とドライフルーツの白ワイン煮

材料(作りやすい分量)

紫花豆(乾燥)…1袋(300g)

ⓐ
- 白ワイン…2カップ
- 砂糖…250g
- シナモンスティック…1本
- レモンの輪切り…3枚

干しあんず…120g

干しぶどう…60g

保存

冷めたら密閉容器に入れ、
冷蔵で2週間。
冷凍で1か月間。

作り方

1 紫花豆はさっと洗ってごみなどを除き、たっぷりの水に一晩つける。そのままゆでこぼし、新しい水にかえて火にかける。ふたをして煮立ったら弱火にし、約40分ゆでる。ざるに上げて水けをきる。

2 干しあんず、干しぶどうは熱湯に入れて(A)、すぐにざるに上げて水けをきる。

3 鍋にⓐを合わせて火にかけ、砂糖を煮溶かす(B)。**1**を加えてふたをして煮立ったら弱火にし、約30分煮る。**2**を加えて(C)、ふたをして同様に約10分煮る。

point A

ドライフルーツは100℃の熱湯にくぐらせて消毒をするとともに、やわらかくし、味をしみやすくする。

point B

煮立てないようにし、木べらで混ぜながら砂糖を溶かす。

point C

豆がふっくらと煮あがったところで、ドライフルーツを加える。

お弁当のヒント

寒天寄せにして

鍋に水$\frac{2}{3}$カップ、粉寒天$\frac{1}{2}$袋(2g)を入れる。中火にかけて混ぜながら溶かし、煮立ったら弱火にし、豆の煮汁$\frac{1}{3}$カップを加えて火を止める。お弁当用のアルミカップに、白ワイン煮を入れて寒天液を流し、冷やしかためる。

甘くてさわやかな白ワイン煮は、
シナモンの風味で大人の味わい。
洋風おかずのつけ合わせとしても活躍し、
おやつ感覚でも食べられるので、
ティータイムにもおすすめです。

金時豆の黒砂糖煮

沖縄の焼酎、泡盛と
黒砂糖で煮込んだ、
独特の風味が魅力です。
3時のお茶うけにもなる
おしゃれな煮豆です。

材料（作りやすい分量）
金時豆（ドライパック）…４缶（520g）
黒砂糖…100g
泡盛…$\frac{1}{2}$カップ

保存
冷めたら密閉容器に入れ、冷蔵で２週間。
冷凍で１か月間。

作り方

1 黒砂糖は塊の場合は細かく削っておく。

2 厚手の鍋に、金時豆、**1**の黒砂糖、泡盛を合わせて火にかける。煮立ったら弱火にし、ときどき混ぜながら、汁が少なくなるまで約20分煮る。

ベーシックメニュー

金時豆のかき氷

器に盛ったかき氷に金時豆の黒砂糖煮適宜をのせ、コンデンスミルク適宜をかける。泡盛の風味がきいているので、大人のデザートに。

えんどう豆とうずら豆のぬれ甘納豆風

**乾燥豆を2種類使って
手間のかかった煮豆なので、
味わいも格別です。
甘いものが食べたいときに
少量でも満足できます。**

作り方

1 えんどう豆とうずら豆はさっと洗ってごみなどを除き、別々にたっぷりの水に一晩つけてもどす。それぞれそのままゆでて、一度湯を捨てる。

2 再び別々の鍋にたっぷりの水にそれぞれの豆を入れ、やわらかくなるまで煮て、火を止める。水を少しずつ入れながら、豆にしわができないように冷ます。

3 別鍋にⓐを入れて火にかけ、グラニュー糖が溶けたら、水けをきったえんどう豆とうずら豆を加え、煮立ってきたらすぐ火からおろし、そのまま冷ます。

4 3を再び火にかけ、煮立ったら豆をすくい取る。煮汁にグラニュー糖100gを加え（A）、煮立ってきたら豆を戻し、煮立つ直前に火を止めて冷ます。

5 煮汁を濾して、全体に泡がたつまで煮つめ、冷めたら豆を戻す。

材料（作りやすい分量）

えんどう豆（乾燥）…100g
うずら豆（乾燥）…100g
ⓐ グラニュー糖…250g
ⓐ 水…2/3カップ
グラニュー糖…100g

保存
密閉容器に入れ、
冷蔵で4～5日間。
冷凍で2週間。

point A
煮汁が少ないので、焦げないように火かげんに注意する。

ベーシックメニュー

ぬれ甘納豆のバニラアイス添え

えんどう豆とうずら豆のぬれ甘納豆風適宜を器に盛り、バニラアイスクリーム適宜をのせる。抹茶少々を茶こしを通してふる。

白花豆のスイートペースト

バニラの甘い香りとレモンのさわやかな風味の、デザート感覚のペースト。パンメニューに活躍します。

作り方

1 白花豆はさっと洗ってごみを除き、たっぷりの水に一晩つける。そのまま火にかけ、一度ゆでこぼしてざるに上げる。

2 鍋に**1**とⓐを合わせ、豆がすっかりかぶるくらいの水を加える。火にかけ、落としぶたをして約40分煮て、火を止めてそのまま冷ます。

3 **2**の豆の皮をむいて(A)、すり鉢に入れ、すりこ木でペースト状にする。生クリームを少しずつ加え混ぜてなめらかにする。

材料(作りやすい分量)

白花豆(乾燥)…1袋(300g)

ⓐ
- バニラビーンズ…1本
- レモンの輪切り…3枚
- 砂糖…250g

生クリーム…½カップ

保存
密閉容器に入れ、冷蔵で1週間。冷凍で1か月間。

point A

1つずつていねいに薄皮をむいていく。

ベーシックメニュー

白花豆のクラッカーのせ

お好みのクラッカーやトーストに、白花豆のスイートペースト適宜をのせる。子どものおやつにもおすすめ。

黒豆

おせち料理に欠かせない黒豆。
手間はかかりますが、
家庭でちゃんと作りたいもの。
ふっくらとつやよく煮あげましょう。

盛りつけ

ちょろぎでおめでたく

おせちに使うときは、黒豆を器に盛りつけ、紅白のちょろぎを天盛りにして、お正月らしさを演出する。

材料（作りやすい分量）

黒豆（乾燥）…１袋（300g）

ⓐ
- 砂糖…300g
- 水…５カップ
- しょうゆ…小さじ１
- 塩…小さじ1/4

保存

密閉容器に入れ、
冷蔵で２週間。冷凍で１か月間。

作り方

1 黒豆はたっぷりの水で洗って虫食い豆やごみを除き、ざるに上げる。

2 厚手の鍋に、ⓐを合わせて、黒豆を加えて一晩おく。

3 2を強火にかけ、煮立ったらごく弱火にしてアクをすくい取る。落としぶたをし、さらにふたをし、豆が煮汁から出ないように水をときどき足しながら合計10～12時間かけて煮る。豆を指で軽くつまんでみて、すぐにつぶれるくらいになればよい。できれば火を止めたりつけたりして3日に分けて煮ると、冷める間に味がしみ込んでおいしくなる。

4 煮汁につけたまま、完全に冷めるまでおく。煮汁を濾して、煮汁を別の鍋に入れ、弱火で1/5量くらいになるまで1時間以上煮詰めて、冷ます。

5 豆に4の煮汁を加えて全体を混ぜ、そのまま一晩おいて味をなじませる。

ピクルス・ひたし豆

ミックスビーンズのピクルス

調味液の中にドライパックの豆を加えるだけの簡単さ。時間のないときにもすぐにできる一品です。

材料(作りやすい分量)

サラダビーンズ(ドライパック)
…４缶(480g)
ひよこ豆(ドライパック)…２缶(240g)
ⓐ
- ローリエ…１枚
- 赤とうがらし(種を除いたもの)…２本
- 粒こしょう(白・黒)…各大さじ１
- 塩…大さじ１
- 水…３カップ

酢…½カップ

保存
冷めたら密閉容器に入れ、
冷蔵で４～５日間。冷凍で２週間。

作り方

1 鍋にⓐを合わせて煮立て、火を止めて豆を加える(A)。

2 酢を加えてそのまま冷ます。

point A

豆がやわらかくなりすぎないように、火を止めたあとで加える。

美しい緑色に食欲をそそられ、ついついつまんでしまいます。淡い塩味で、酒のおつまみにもおすすめです。

青大豆のひたし豆

作り方

1 青大豆はさっと洗ってごみを除き、たっぷりの水に、一晩つけておく。そのまま火にかけて、沸騰したらアクを取りながら15～20分ほどゆでる。ざるに上げて水をかける。

2 昆布は切り込みを入れて、水4カップに15分ほどつけておく。そのまま強火にかけ、沸騰直前に昆布を取り出し、削りがつおを加えてひと混ぜし、再び煮立つ直前に火を止めて冷ます。削りがつおが沈んだらざるで濾す。

3 **2**にⓐを加えてひと煮立ちしたら**1**を加え(A)、10分ほど煮てそのまま冷ます。

point A

青大豆を加えたら、煮立てないように弱火で煮る。

材料(作りやすい分量)

青大豆(乾燥)…1袋(300g)
昆布…10g
削りがつお…40g
ⓐ
- 塩…小さじ1
- 薄口しょうゆ…大さじ2
- 酒…大さじ2

保存
冷めたら密閉容器に入れ、冷蔵で4～5日間。冷凍で2週間。

ピクルスのサラダ

香ばしいにんにくの香りがたまらない

材料(2人分)

ミックスビーンズのピクルス(ローリエ、赤とうがらし、粒こしょうを除いたもの)…150g
きゅうり…2本
トマト…小1個
にんにく(みじん切り)…1かけ
サラダ油…大さじ1
塩・こしょう…各少々

作り方

1 きゅうりはすりこ木でたたいてから乱切りにする。トマトはへたと種を除いて、1cm角に切る。

2 フライパンに、にんにくとサラダ油を入れて熱し、にんにくがきつね色になったら、にんにくと油を分けて取り出しておく。

3 ボウルに、汁けをきったピクルス、**1**、**2**の油、塩、こしょうを合わせて混ぜる。器に盛って、**2**のにんにくをふる。

アレンジメニュー

ミックスビーンズのピクルス

ピクルスとごぼうのカレーマヨあえ

ごぼうたっぷりでシャキシャキした食感がうれしい

材料(2人分)

ミックスビーンズのピクルス(ローリエ、赤とうがらし、粒こしょうを除いたもの)…150g
ごぼう…1/2本(70g)
玉ねぎのみじん切り…大さじ2
塩…少々
ⓐ カレー粉…小さじ1
ⓐ マヨネーズ…大さじ3
パセリ(みじん切り)…少々
カレー粉…少々

作り方

1 ごぼうは皮をこそげて4cm長さに切り、縦に薄切りにしてせん切りにし、水に2分さらす。鍋にごぼうとかぶるくらいの水を入れ、煮立ったら弱めの中火にし、3分ゆでる。湯を捨て、鍋に戻し、中火でからいりして水分をとばす。

2 玉ねぎは塩をふり、しんなりして水けがでたら、ペーパータオルで水けをふく。

3 ボウルに、汁けをきったピクルス、**1**、**2**、ⓐ、パセリを合わせてあえる。器に盛って、カレー粉をふる。

ひたし豆の白あえ

たっぷりのひたし豆でボリュームあり

材料（２人分）

青大豆のひたし豆…150g
木綿豆腐…¼丁（100g）
れんこん…50g
酢…少々
だし汁…½カップ
ⓐ
- 練り白ごま…大さじ1½
- 西京みそ…大さじ１
- 塩…ひとつまみ
- 砂糖…大さじ½
- 薄口しょうゆ…小さじ½

作り方

1 鍋に豆腐とかぶるくらいの水を入れ、火にかけて煮立ったらざるに上げて水けをきり、ふきんで水けをふく。

2 れんこんは皮をむいて、薄い半月に切り、酢を加えた水に２分さらしてざるに上げる。鍋にれんこんとだし汁を入れ、れんこんが透き通るまでゆでる。火を止めてそのまま冷まし、水けをきる。

3 すり鉢に**1**を入れてすりこ木でくずし、ⓐを加えてすり混ぜる。ひたし豆と**2**のれんこんを加え、全体をあえる。

アレンジメニュー

青大豆のひたし豆

ひたし豆のかき揚げ

塩けのある豆だから天つゆなしで食べられる

材料（２人分）

青大豆のひたし豆…100g
帆立て貝柱…３～４個（100g）
長ねぎ…¼本
天ぷら粉…大さじ２
ⓐ
- 天ぷら粉…½カップ
- 水…½カップ

青じそ…４枚
かぼちゃ（5㎜厚さのもの）…８切れ
揚げ油…適宜

作り方

1 帆立ては３～４つに切り、長ねぎは5㎜幅の小口切りにし、ボウルに入れる。

2 **1**にひたし豆を水けをきって入れ、天ぷら粉をまぶす。ⓐを混ぜて加え、からめる。

3 揚げ油を180℃に熱し、かぼちゃを１分ほど素揚げする。青じその裏側に**2**のボウルの衣をつけ、30秒ほど揚げる。

4 **2**をスプーンなどですくって、揚げ油に落とし、２分ほど揚げる。器に盛り、青じそ、かぼちゃを盛り添える。

豆の種類とゆで方のコツ

乾燥豆の種類

乾燥豆のなかでも、
大豆3種、白花豆、紫花豆、大福豆、えんどう豆は
かたいタイプなので、しっかり浸水させてからゆで始めます。
金時豆、とら豆、うずら豆は
浸水時間は比較的短くてもだいじょうぶです。

大豆

大豆は皮の色によって、黄大豆、黒大豆（黒豆）、青大豆の3種類に分けられ、一般的に大豆といえば、黄大豆のことをさします。豆として食べるほかに、豆腐、ゆば、納豆、きな粉などの加工品としても幅広く食べられ、みそやしょうゆの原料にもなります。

黒豆

大豆の一種で黒い皮をしており、黄大豆や青大豆に比べて粒が大きいものが多いようです。黒豆というと、おせち料理のふっくらと甘く煮含めた煮豆が定番ですが、納豆やきな粉などとしても食べられています。丹波篠山産の「丹波黒」などが有名です。

青大豆

大豆の一種で緑色の皮をしており、ひたし豆としてよく食べられます。もどした青大豆は枝豆のような食感で、おつまみ感覚で食べられます。甘く煮るよりは、豆の風味を生かして薄い塩味で味つけしたほうが好まれ、豆の緑色も美しく仕上がります。

缶詰の豆の種類と使い方

缶詰は手軽に使えるので、
豆を使い慣れない
方におすすめ。
使い方をきちんと知っておくと
レパートリーが広がります。

缶詰は、ゆでてから缶詰にした水煮缶タイプと、蒸してから缶詰にしたドライパックタイプのものがあります。どちらも味つけをしていないか薄い塩味なので、素材缶として使えます。すぐに食べられるやわらかさで、下ゆでの手間が省けるので、常備しておくと便利でしょう。また、日本では生産されていないひよこ豆（ガルバンゾー）なども、缶詰として出回っています。

大豆（乾燥）の下ゆでの仕方

大豆はかたいタイプの豆です。
しっかり浸水させ、時間をかけてゆでます。
大豆で基本のゆで方を
覚えましょう。

1 大豆は軽く水洗いして、大豆の3～4倍の量の水に一晩つけてもどす。一晩つけると、水を含んでふっくらと3倍くらいの大きさになる。

紫花豆

いんげん豆の一種。白花豆と仲間で、花は赤く、豆は紫地に黒の斑点があります。白花豆と同様に大粒で味がよく、高級品です。豆が大きいので、たっぷりの水に充分につけ、やわらかくしてから煮始めます。ほかの豆に比べて皮がかたいのでじっくりと煮ましょう。

白花豆

いんげん豆の一種。紫花豆と仲間で、白花豆は花も豆も白いです。花が大きくきれいなことから江戸時代には観賞用として栽培されていました。大粒で、甘くふっくらと煮た煮豆はつやもよく、形もよいので、品のよい和菓子としてお茶うけにも使われます。

うずら豆

いんげん豆の一種で、皮にうずらの卵のような模様があることから、この名前がついています。茶褐色の地色に赤紫色の斑点があり、楕円形をしています。和食では、煮豆や甘納豆など甘く煮ることが多いですが、洋風の煮込みやスープなどにもよく使われます。

金時豆

いんげん豆の一種で、赤紫色で楕円形をしています。甘煮がポピュラーですが、ささげや小豆の代わりに赤飯に使われることもあります。また、洋風の煮込み料理にもよく使われます。鶏肉や豚肉と合わせて、金時豆をトマト味などで煮込むのが一般的です。

赤えんどう豆

えんどう豆は、青えんどう豆もあります。赤えんどう豆は、やわらかく煮てみつ豆や豆大福などに使われます。一方、青えんどう豆は煮豆や甘納豆、炒り豆などとして食べられています。かたいタイプの豆なので、時間をかけて浸水させてから煮ます。

大福豆

いんげん豆の一種で、大きく平らで肝臓のような形をしていますが、白花豆よりはやや小さめ。白いいんげん豆の中では最高の品質のものです。煮豆やきんとんなどのように甘く煮る場合が多いようです。和菓子のねりきりの材料としても使われます。

とら豆

いんげん豆の一種で、虎のように地色に斑点があることからこの名前がついています。ふっくらとして豆自体があまりかたくないタイプのものなので、ゆでる豆の浸水時間は比較的短くてもだいじょうぶです。主に煮豆に使われますが、サラダにもおすすめです。

乾燥豆、水煮缶、ドライパックなど、豆はいろいろなタイプが出回っています。時間をかけて作るものと、手早く作りたいものとで、使い分けるといいでしょう。

2 もどした豆を鍋に移し、強火にかけて煮立ったらざるに上げてゆで汁を捨てる。これがゆでこぼし。

3 あらたに、豆とたっぷりの水を入れて火にかける。煮立ったら弱火にし、落としぶたをして30分ほどゆでる。

4 途中でゆで汁が少なくなってきたら、豆が湯から出ないようにときどき水を足しながら、落としぶたをしてゆでる。食べてみて好みのかげんになるまでゆでる。下ゆでのあと、煮るようなら少しかためでもよい。

切り干し大根とあさりの煮物

材料(作りやすい分量)

切り干し大根…２袋(120g)
あさり(むき身)…150g
塩…少々
酒・しょうが汁…各大さじ１
油揚げ…１枚
ⓐ 水…４カップ
　 酒…大さじ２
　 砂糖…大さじ５
ⓑ しょうゆ…大さじ３
　 塩…少々

保存
冷めたら密閉容器に入れ、冷蔵で４～５日間。冷凍で２週間。

point A
水洗いして絞った切り干し大根は、煮汁の吸水がよく、味がしみこみやすい。

point B
酒としょうがで下味をつけることで、くさみも消す。

point C
油揚げの表面の油は酸化しているので、熱湯をかけて洗い流す。

point D
あさりなどの貝類は、煮汁が煮立ったところで加える。

作り方

1 切り干し大根はさっと水洗いして軽く絞る。鍋にⓐを合わせて切り干し大根を入れ(A)、20分くらいつけてもどす。

2 あさりは塩を加えた冷水で手早く洗ってざるに上げ、酒、しょうが汁を混ぜて下味をつける(B)。

3 油揚げに熱湯を回しかけ(C)、横半分に切って細切りにし、水けを絞る。

4 **1**の鍋を中火にかけて煮立て、アクをていねいに除き、あさりを加える(D)。続いて**3**を加えてひと混ぜし、ふたをして弱火で30分ほど煮る。ⓑを加えて調味し、ふたをして弱火で20分ほど煮る。ふたを取り、ときどき混ぜながら汁がほとんどなくなるまで弱火で30分ほど煮る。

お弁当のヒント

卵焼きにして

卵２個を割りほぐし、切り干し大根とあさりの煮物 100gを加えて混ぜる。卵焼き器にサラダ油を薄く敷き、２～３回に分けて卵液を流して巻きながら焼く。冷めたら食べやすい大きさに切る。

食物繊維たっぷりの切り干し大根に、
あさりでたんぱく質をプラス。
ちょっとボリュームのある副菜だから、
メインのおかずが物足りないときにも
大活躍します。

切り干し大根と豚肉の韓国風炒め

作り方

1 切り干し大根はさっと水洗いして、袋の表示どおりに水につけてもどす。ざるに上げて軽く水けをきる。

2 豚肉は一口大に切り、塩、こしょうで下味をつけて片栗粉をふり混ぜる。ⓐの材料は混ぜ合わせておく。

3 フライパンにサラダ油を中火で熱し、豚肉をほぐしながら炒める。肉に火が通ったら**1**を加え（A）、強火で炒める。ⓐを加え、汁けをとばすように全体を混ぜながら3～4分炒める。ごま油を回し入れて火を止める。

point A

豚肉にはしっかり火を通したいので、肉の色が変わってから切り干し大根を加える。

材料（作りやすい分量）

- 切り干し大根…100g
- 豚もも薄切り肉…300g
- 塩・こしょう…各少々
- 片栗粉…大さじ1½
- サラダ油…大さじ１
- ⓐ
  - コチュジャン…大さじ1½
  - おろしにんにく…大さじ½
  - しょうゆ…大さじ２
  - みりん…大さじ２
- ごま油…大さじ1½

保存

冷めたら密閉容器に入れ、冷蔵で４～５日間。冷凍で２週間。

淡泊な味わいの切り干し大根を、コチュジャンを使ってコクのあるテイストに仕上げました。白いご飯がすすみます。

切り干し大根の甘酢漬け

太めの切り干し大根なので味がしみこんで、噛むほどにうまみがにじみ出てきます。食感が合うたこを合わせて。

材料（作りやすい分量）

切り干し大根（太めのもの）…60g
ゆでだこ…足２本（300g）
ⓐ
- 塩…小さじ½
- 砂糖…大さじ３
- 薄口しょうゆ…大さじ½
- 酢…½カップ

保存
冷めたら密閉容器に入れ、冷蔵で３日間。
冷凍で２週間。

point A
ゆでている間、こまめにアクを除くようにする。

作り方

1 切り干し大根は手早く水洗いする。鍋に切り干し大根と水３カップを入れてもどす。そのまま火にかけ、煮立ったら中火にし、アクを取りながら10分ほどゆでる（A）。ⓐは混ぜておく。

2 たこは熱湯にくぐらせてから、乱切りにする。

3 切り干し大根をざるに上げて水けをきってボウルに入れ、2を加える。ⓐを加えて混ぜ、しばらく漬ける。

乾物炊き合わせ

炊き合わせはそれぞれ別々に煮含めたものを盛り合わせる、
手間をかけたぜいたくな煮物です。
おもてなしの日の前日に用意しておけるのが
うれしいものです。

たっぷりとおいしい煮汁を含ませて

高野豆腐の含め煮

作り方

1 昆布と削りがつおをガーゼなどで包んで鍋に入れ、残りのⓐもすべて鍋に入れる。

2 高野豆腐はバットに並べ入れ、湯を注いでもどす(A)。水を3～4回入れ替える。もどったら両手で挟むように絞って(B)、半分に切る。

3 **1**の鍋に**2**を入れて火にかける。煮立ったら弱火にしてふたをし、30分ほど煮る。

材料(作りやすい分量)

高野豆腐…8個

ⓐ
- 水…7カップ
- 昆布…20g
- 削りがつお…40g
- 薄口しょうゆ…大さじ3
- 砂糖…大さじ5

保存

冷めたら密閉容器に入れ、冷蔵で4～5日間。

point A

むらなく吸水するように、高野豆腐は重ならないように並べる。

point B

両手で挟んで汁けを絞り、煮汁が含まれやすいようにする。

盛りつけ

木の芽で香りと彩りを添えて

かんぴょうの含め煮は結ぶ。それぞれの煮汁を含ませたまま、奥になるほうから高野豆腐、かんぴょうを盛りつけ、手前にしいたけ、ゆばを盛る。たっぷりの木の芽を天盛りにする。

煮詰めて濃厚な味わいに

干ししいたけの含め煮

作り方

1 干ししいたけは手早く水洗いし、ぬるま湯4カップにつけてラップで落としぶたをして2時間以上おき、もどす(A)。

2 軸をキッチンばさみで切り(B)、もどし汁は茶こしなどで濾して鍋に入れる。ⓐとしいたけを入れて火にかける。煮立ったら中火にし、アクを取りながら(C)、煮汁がほとんどなくなるまで30～40分煮詰める。

材料(作りやすい分量)

干ししいたけ…16枚

ⓐ
- 砂糖…大さじ4
- しょうゆ…大さじ2

保存

冷めたら密閉容器に入れ、冷蔵で4～5日間。冷凍で1か月間。

point A

干ししいたけは軽いので、もどし汁につかるようにラップをかぶせる。

point B

軸が残っていると食感が悪いので、軸のもとからきれいに切り取る。

point C

煮汁に浮いてくるアクはこまめに取り除く。

だしを生かしたやさしい味わい

ゆばの含め煮

作り方

1 ゆばは袋の口を切り、水を注ぎ入れる(A)。もどったら水を捨て(B)、適当な大きさに切る。

2 鍋にⓐと1を入れて火にかける。煮立ったら弱火にし、ふたをして20分ほど煮る。火を止めてそのまま冷ます。

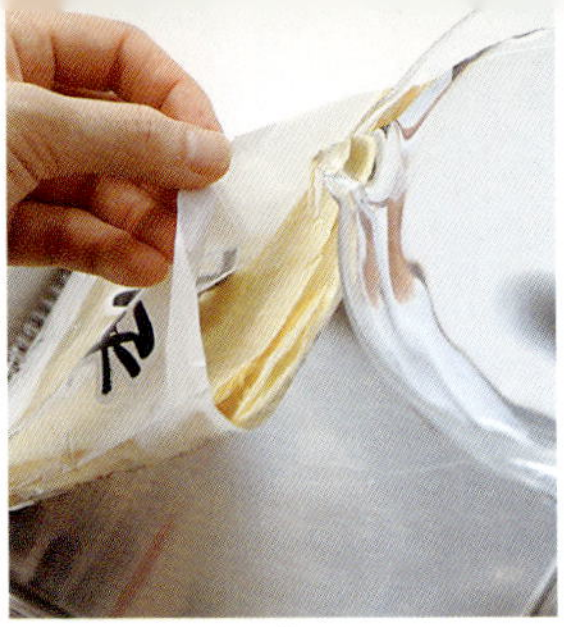

point A

袋に入れたままもどすと、ゆばの形がくずれなくてよい。

point
B

ゆばの形をくずさないように
水ごとバットに取り出す。

材料(作りやすい分量)

ゆば(乾燥)
…1枚10gを12枚

ⓐ
- だし汁…3カップ
- 酒…1/4カップ
- 昆布…15g
- 塩…小さじ1
- 薄口しょうゆ…小さじ1

保存
冷めたら密閉容器に入れ、
冷蔵で4～5日間。

かむほどに味わい深い

かんぴょうの含め煮

作り方

1 かんぴょうは水に2～3分つけてもどし、絞って塩をかけてもみ(A)、水洗いして(B)、下ゆでする。

2 1のかんぴょうの水けをきって鍋に入れ、ⓐを加える(C)。火にかけて煮立ったら弱火にし、ふたをして30分煮る。ふたを取って、しょうゆを加え、汁がほとんどなくなるくらいまで弱火で30分以上煮て味を含ませる。

材料(作りやすい分量)

かんぴょう…50g(1袋)
塩…適宜

ⓐ
- だし汁…2 1/2カップ
- 砂糖…大さじ5

しょうゆ…大さじ3

保存
冷めたら密閉容器に入れ、
冷蔵で4～5日間。冷凍で1か月間。

point
A

塩でもんでしんなりさせてからもどすと、もどりが早い。

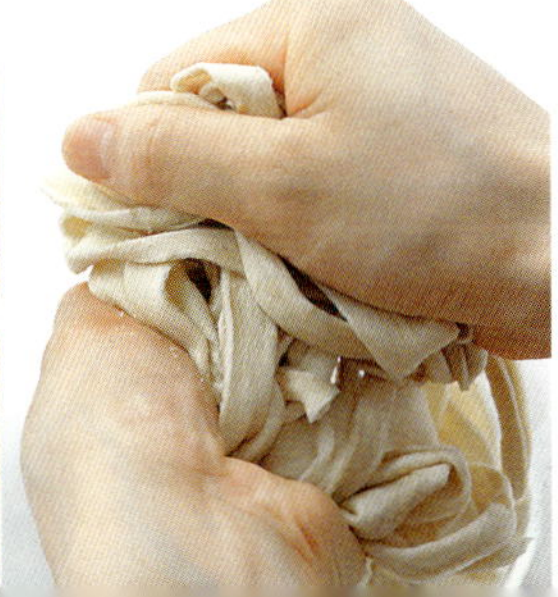

point
B

塩を洗い流してから、下ゆでをする。

point
C

砂糖を加えて火にかけ、軽く混ぜて煮溶かす。

高野豆腐の天ぷら

青のりの風味で香りよく

材料(2人分)

高野豆腐の含め煮…4個

ⓐ
- 天ぷら粉…1/2カップ
- 青のり粉…大さじ1
- 冷水…1/2カップ

揚げ油…適宜

すだち…適宜

作り方

1 高野豆腐は軽く絞って半分に切る。

2 ボウルにⓐの天ぷら粉と冷水を合わせ、青のり粉を加える。

3 **1**を**2**にくぐらせ、180℃に熱した揚げ油に入れて、約1分揚げる。器に盛って、半分に切ったすだちを添える。

アレンジメニュー

乾物炊き合わせ

しいたけの酢の物

味のしみたしいたけがアクセント

材料(2人分)

干ししいたけの含め煮…4枚

大根…4cm

にんじん…少々

塩…小さじ1

ⓐ
- 塩…小さじ1/2
- 酢…大さじ4
- 砂糖…大さじ1
- だし汁…大さじ2

作り方

1 干ししいたけの含め煮は細切りにする。

2 大根とにんじんはせん切りにし、水1カップに塩を入れた塩水につけてしんなりさせ、かたく絞る。

3 ボウルにⓐを合わせて混ぜ、**1**と**2**を加えてさっとあえる。

ゆばのちらしずし

ゆばの新しい食べ方発見！

材料（２～３人分）

ゆばの含め煮…150g
温かいご飯…600g（米２合の分量）
ⓐ
- 塩…小さじ１
- 酢…大さじ６
- 砂糖…大さじ３

絹さや…50g
塩…少々
いり白ごま…少々
いくら…適宜

作り方

1 ⓐを混ぜ合わせて合わせ酢を作り、ご飯に加えて切るように混ぜ、すし飯を作る。

2 絹さやは筋を除き、塩を加えた熱湯でゆでて水にとり、斜め細切りにする。ゆばの含め煮は細切りにしてからざく切りにする。

3 **1**のすし飯を器に盛り、絹さやとごまをふり、ゆばといくらを中央にのせる。

かんぴょうの卵とじ

かんぴょうの甘みで味つけいらず

材料（２人分）

かんぴょうの含め煮…100g
卵…２個
ちりめんじゃこ…10g
三つ葉…20g

作り方

1 かんぴょうの含め煮は２～３cm長さに切る。三つ葉は2cm長さに切る。

2 鍋に**1**のかんぴょう、ちりめんじゃこ、水$\frac{1}{4}$カップを入れ、中火にかけて煮立てる。

3 卵を割りほぐして、**2**に回し入れてひと混ぜする。三つ葉を仕上げに加えて火を止める。

ちぎりこんにゃくのしぐれ煮

ちぎったこんにゃくは味がしみこみやすく、噛むほどにうまみもでてきます。しょうがの風味もきいて食欲がそそられます。

作り方

1 こんにゃくはちぎって鍋に入れ、かぶるくらいの水を入れ、火にかけてゆでる(A)。煮立ったらざるに上げる。

2 牛肉は細切りにする。

3 鍋にサラダ油を中火で熱し、1を少し焦げ目がつくくらいまで5～6分炒める。2としょうがを加え、肉にほぼ火が通ったらⓐを加える。中火でときどき混ぜながら汁がなくなるまで炒め煮にする。

point A

こんにゃくはゆでて、くさみをとる。

材料(作りやすい分量)

こんにゃく…1枚
牛切り落とし肉…100g
しょうが(せん切り)…30g
サラダ油…大さじ1
ⓐ だし汁…½カップ
ⓐ 砂糖…大さじ5
ⓐ しょうゆ…大さじ3

保存
冷めたら密閉容器に入れ、冷蔵で4～5日間。

しらたきと明太子のいり煮

淡泊な鶏肉としらたきを
明太子の辛みを生かして味つけしました。
薄いピンクに色づいて彩りもきれいです。

作り方

1 鍋に鶏肉、ⓐ、かぶるくらいの水を入れて火にかける。煮立ったら弱めの中火にして5分、肉の上下を返してさらに5分ゆでる。そのまま冷まし、3～4㎝幅に切ってから薄切りにする。ゆで汁はとっておく。

2 明太子は1㎝幅に切る。

3 しらたきは食べやすい長さに切り、下ゆでしてざるに上げる。

4 鍋に**3**のしらたきを入れて中火にかけ、混ぜながら水分がなくなるまでからいりし、**2**の明太子を加える（A）。**1**のゆで汁大さじ2～3を加え、中火で明太子の色が少し変わるまでいる。**1**の鶏肉を加えて、全体に混ざったら火を止める。

point A

しらたきの水分が残っていると日もちがしないので、しっかり水分をとばしてから明太子を加える。

材料（作りやすい分量）

しらたき…１袋（350g）
鶏もも肉…１枚
からし明太子…１腹（70g）
ⓐ しょうが（薄切り）…２枚
　 酒…大さじ２

保存
冷めたら密閉容器に入れ、冷蔵で４～５日間。

結び昆布と豚バラ肉の煮物

point A
豚肉の脂が白くかたまるまで、そのままおいて完全に冷ます。

point B
昆布はひと結びすることでうまみが凝縮され、食べごたえも出る。

point C
フライパンに残った油が入らないように、豚肉だけを鍋に移す。

point D
強火のままではアクが散ってしまうので、火を弱めてアクを取る。

材料（作りやすい分量）

早煮昆布…60g
豚バラ塊肉…450g
しょうがの皮…１かけ分
長ねぎ（青い部分）…１本分
ⓐ
- 酒…½カップ
- みりん…¼カップ
- 砂糖…大さじ２
- 塩…少々

サラダ油…小さじ½

保存
冷めたら密閉容器に入れ、冷蔵で３〜４日間。

作り方

1 鍋に豚肉、しょうがの皮、ねぎを入れ、肉がすっかりかぶるくらいまで水を注いで強火にかける。煮立ったら弱めの中火にし、ふたをして40分ゆで、火を止めてそのまま冷ます（A）。

2 昆布は水１カップにしばらくつけて、結べるくらいまでやわらかくもどし、10〜12㎝長さに切りそろえてひと結びする（B）。昆布のもどし汁は濾しておく。

3 **1**が完全に冷めたら豚肉を取り出し、１㎝厚さに切る。ゆで汁は濾してねぎと脂を除き、**2**のもどし汁とⓐの調味料を合わせておく。

4 フライパンにサラダ油を熱して**3**の豚肉を入れ、肉の両面に焼き色をつけ、鍋に移す（C）。**2**の昆布、**3**のゆで汁、水２カップを加えて強火にかけ、煮立ったら弱めの中火にしてアクをとる（D）。落としぶたと鍋のふたをして15分煮、鍋のふたをはずして中火のまま30分煮る。

盛りつけ

小松菜を添えて彩りよく

器に昆布と豚肉を盛り合わせ、色よくゆでた小松菜を添える。煮汁少々を回しかけておろししょうがをのせる。

昆布は食物繊維やミネラルを
たっぷり含んだヘルシーな食材。
豚バラ肉を加えて、
それぞれのうまみをじっくり煮含ませます。

昆布のから揚げ

おやつや酒のおつまみにも便利な一品です。パリッとした食感と香ばしさを保つように、湿気を避けて保存しましょう。

材料(作りやすい分量)

利尻昆布…80g
酒…3/4カップ
片栗粉…適宜
揚げ油…適宜

保存
冷めたら密閉容器に入れ、常温で6～7日間。

作り方

1 昆布は扱いやすい長さに切り、酒に30分以上つけておく(A)。

2 蒸気の上がった蒸し器に昆布を入れ、30分ほど蒸す(B)。

3 2のあら熱がとれたら、はさみで5～6cm長さ、1cm幅の短冊に切る。水けをしっかりとふき、片栗粉を薄くまぶしつける。

4 揚げ油を180度に熱し、3を入れて2～3分揚げ(C)、油をきる。

point A
途中、上下を返して昆布全体に酒が行き渡るようにする。

point B
昆布のうまみを逃がさないように、蒸してやわらかくする。

point C
一度に入れると油の温度が下がるので、少しずつ揚げる。

香味野菜をアクセントに、酢をきかせてさっぱりと

から揚げ昆布の薬味じょうゆかけ

アレンジメニュー

材料（2人分）

昆布のから揚げ…適宜
しょうがの薄切り…1枚
にんにく…1/4かけ
長ねぎ…1/4本
赤とうがらし（みじん切り）…少々
ⓐ 酢…大さじ1
ⓐ しょうゆ…大さじ1/2

作り方

1 しょうが、にんにく、長ねぎはそれぞれみじん切りにし、ボウルに入れる。
2 ⓐを合わせてよく混ぜ、**1**のボウルに加え、赤とうがらしを振ってよく混ぜ合わせる。
3 器に昆布のから揚げを盛り、**2**をかけて混ぜながら食べる。

切り昆布と桜えびのつくだ煮

切り昆布は10分ほどでやわらかくもどる扱いやすい素材です。ご飯によく合う甘辛味で、お弁当の副菜にもぴったり。

作り方

1 切り昆布は水で手早く洗い、ざるに上げて10分ほどおいて水けをきり、食べやすく切る（A）。

2 鍋に切り昆布とⓐを入れて強火にかけ、煮立ったら中火にして汁けがなくなるまで煮る。

3 桜えびを加えて（B）、完全に汁けがとぶまで混ぜながら煮る。

材料（作りやすい分量）

切り昆布…１袋（30g）

ⓐ
- 酒…½カップ
- 砂糖…大さじ４
- しょうゆ…大さじ2½

桜えび…20g

保存

冷めたら密閉容器に入れ、冷蔵で３～４日間。冷凍で２週間。

point A

切り昆布は水けをきってざっとそろえ、５～6cm長さに食べやすく切る。

point B

切り昆布がやわらかく煮えて味がなじんだところで桜えびを加える。

切り昆布のつくだ煮の梅納豆あえ

梅肉のさわやかな酸味を加えれば酒の肴にも最適

材料（２人分）

切り昆布と桜えびのつくだ煮…50g

梅干し…１個

納豆…50g

作り方

1 梅干しは種をとり、包丁で細かくたたく。

2 納豆は包丁であらくたたき、切り昆布と桜えびのつくだ煮に加えてあえる。

3 器に盛り、**1** をのせる。

アレンジメニュー

ひじきの炒め煮

海のミネラルたっぷりの
ひじきの定番煮物です。
汁けがなくなるまで
しっかり味を含ませるのがコツ。

材料(作りやすい分量)

芽ひじき…50g
鶏ひき肉…150g
にんじん…½本
油揚げ…1枚
ごま油…大さじ1

ⓐ
- だし汁…1½カップ
- 砂糖…大さじ5
- しょうゆ…大さじ3

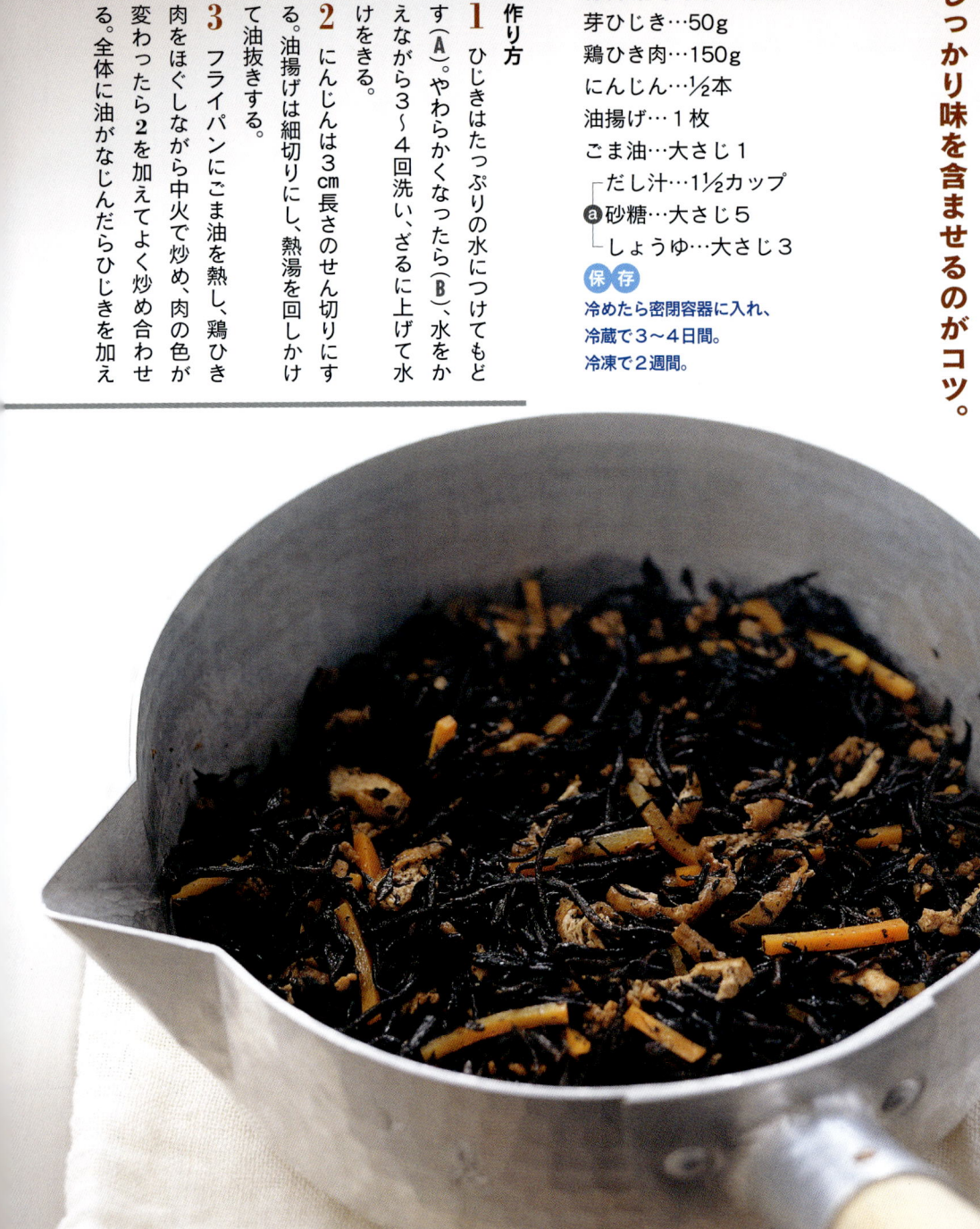

保存
冷めたら密閉容器に入れ、
冷蔵で3〜4日間。
冷凍で2週間。

作り方

1 ひじきはたっぷりの水につけてもどす(A)。やわらかくなったら(B)、水をかえながら3〜4回洗い、ざるに上げて水けをきる。

2 にんじんは3㎝長さのせん切りにする。油揚げは細切りにし、熱湯を回しかけて油抜きする。

3 フライパンにごま油を熱し、鶏ひき肉をほぐしながら中火で炒め、肉の色が変わったら2を加えてよく炒め合わせる。全体に油がなじんだらひじきを加え

て中火のまま2～3分炒める。
4 ⓐを加え、ときどき混ぜながら、汁けがほとんどなくなるまで煮る。

point A

ひじきはもどすと約2倍のかさに増えるので、やや大きめのボウルでもどす。

point B

爪の先でちぎって、スッとちぎれるくらいやわらかくなればOK。

お弁当のヒント

混ぜるだけで簡単ひじきご飯

さやいんげんを色よくゆでてへたをとり、斜めに小さく切る。あつあつのご飯にひじきの炒め煮とさやいんげんを加えてよく混ぜ合わせる。さやいんげんを加えれば彩りだけでなく、栄養のバランスもよくなる。

アレンジメニュー

ひじきのけんちん蒸し

相性のよい豆腐を合わせた素朴な味わいが人気

材料(2人分)

ひじきの炒め煮…⅔カップ
木綿豆腐…小1丁(200g)
卵…1個
ⓐ だし汁…⅔カップ
　酒…大さじ1
　塩…小さじ½
片栗粉…大さじ1
しょうが汁…小さじ1
さやいんげん…1～2本

作り方

1 豆腐はペーパータオルに包み、20分くらいおいて水けをきる。ボウルに豆腐をくずし入れ、溶きほぐした卵とひじきの炒め煮を加えてよく混ぜ合わせる。

2 **1**を4等分し、それぞれガーゼなどで包んで口を絞り、皿に並べる。蒸気の上がった蒸し器に入れて約10分蒸す。

3 小鍋にⓐを入れて強火で煮立て、片栗粉を水大さじ1で溶いて加え、とろみをつける。火を止めてしょうが汁を加える。さやいんげんは色よくゆでて斜めに小さく切る。

4 **2**のガーゼをはずして食べやすく切り分ける。器に盛り、**3**のあんをかけ、さやいんげんを飾る。

ひじきとあさりのイタリア風蒸し煮

和風素材のひじきを使って、ガーリックとオリーブ油の風味でイタリア風に仕上げます。パスタやご飯に混ぜるだけでアレンジも簡単。

作り方

1 ひじきはたっぷりの水でもどして洗い、ざるに上げて水けをきる。長いものは食べやすくざく切りにする。あさりは砂抜きし、殻をこすり合わせて洗う。

2 にんにくは縦半分に切り、しんをとって包丁で軽くつぶす。赤とうがらしはぬるま湯につけてもどし、へたと種を除き、5～6㎜幅の小口切りにする。

3 フライパンにオリーブ油とにんにくを入れて中火で炒め、香りが出たら赤とうがらしを加えてひと混ぜし、ひじきを加えて(A)炒め合わせる。

4 あさりの水けをきって3に加え、ⓐで調味して強火にし、ふたをして(B)3～4分蒸し煮にする。殻が開いたらふたをとり、大きく混ぜながら汁けをとばすように強火で2～3分煮る。

材料(作りやすい分量)

長ひじき…30g
あさり(殻つき)…250g
にんにく…1かけ
赤とうがらし…1本
オリーブ油…大さじ1
ⓐ 白ワイン…½カップ
　 塩…小さじ⅓
　 こしょう…少々

保存
冷めたら密閉容器に入れ、冷蔵で3～4日間。

point A
焦がさないように中火で炒め、よい香りが出てきたらひじきを加える。

point B
あさりを加え、ワイン、塩、こしょうを振ったらすぐにふたをする。

アレンジメニュー

ひじきとあさりの炒めご飯

タイで使われるしょうゆ、ナンプラーでエスニックテイストに

材料（2人分）

ひじきとあさりのイタリア風蒸し煮…½カップ
ミニトマト…10個
玉ねぎ（みじん切り）…½個
温かいご飯…300g
サラダ油…大さじ1
ナンプラー…大さじ1½
パセリのみじん切り…適宜

作り方

1 ミニトマトはへたをとって縦四つ割りにする。
2 フライパンにサラダ油を熱し、中火で玉ねぎをしんなりするまで炒める。ご飯を加えて強火にし、ほぐしながら炒め、油がなじんだらひじきとあさりのイタリア風蒸し煮を加えて炒め合わせる。ミニトマトを加えてざっと混ぜ、ナンプラーで調味してひと炒めする。
3 器に盛り、パセリをふる。

田作り

おせち料理の一品としてよく知られるごまめですが、優れたカルシウム源として毎日でも食べたいものです。

作り方

1 フライパンにごまめを入れて中火にかけて約10分いり（A）、ペーパータオルの上に広げて冷ます。

2 **1**のフライパンをきれいにしてⓐを入れて強火にかけ、表面が泡立つほど煮立ったら、ごまめを加えて（B）箸でよく混ぜながら味をからめる。

3 バットにサラダ油をぬって**2**を広げ（C）、青のりと白ごまを振って冷ます。

point A

焦がさないように、たえず混ぜながら水分をとばす。

point B

焦げかすやごみなどが入らないように、ごまめを手でつかんで入れる。

point C

バットに油をぬっておくとくっつかず、取り出しやすい。

材料（作りやすい分量）

ごまめ、またはいりこ…80g

ⓐ
- 砂糖…大さじ2
- みりん…大さじ3
- しょうゆ…大さじ2

サラダ油…少々

青のり…大さじ1

いり白ごま…大さじ1½

保存

冷めたら密閉容器に入れ、冷蔵で3～4日間。

アレンジメニュー

田作り入りきんぴら

根菜と合わせて食べごたえをアップ

材料（２人分）

田作り…適宜
ごぼう…50g
にんじん…50g
サラダ油…大さじ１
赤唐辛子（小口切り）…小½本
砂糖…大さじ1½
しょうゆ…小さじ２

作り方

1 ごぼうは皮をこそげ、細めのささがきにして水にさらし、ざるに上げて水けをきる。にんじんは３～４cm長さの細切りにする。

2 フライパンにサラダ油を熱し、**1**と赤唐辛子を加えて炒め合わせ、砂糖、しょうゆの順に調味する。

3 全体に味がなじんだら田作りを加えて、さっと炒め合わせる。

じゃこのミックス揚げ

振りかけ感覚で楽しめて、そのうえとてもヘルシー。香ばしく、カリッとした食感で子どもたちのおやつにもぴったりです。

作り方

1 揚げ油を180度に熱し、カシューナッツを入れて、軽く色づくまで約1分揚げ(A)、広げたペーパータオルなどに取り出して油をきり、冷ます。

2 **1**の揚げ油を再び180度に熱し、ちりめんじゃこを入れて、1～2分揚げる(B)。カリッとしたら、**1**と同様にペーパータオルの上などに取り出して油をきり、冷ます。

3 **1**と**2**がよく冷めたらボウルに入れて塩少々を振り、赤とうがらし、ごま、粉チーズを加えて混ぜ合わせる(C)。

冷ややっこの揚げじゃこのせ

やわらかな豆腐とカリカリじゃこの食感が絶妙

材料（2人分）
じゃこのミックス揚げ…適宜
絹ごし豆腐…1丁（300g）
きゅうり…½本
塩…少々
わかめ（塩蔵）…10g
あさつき（小口切り）…少々

作り方

1 豆腐は横半分に切って器に盛る。

2 きゅうりは小口切りにして塩を振り、しんなりしたら水けを絞る。わかめは塩を洗い流し、熱湯をかけて水けをきり、一口大に切る。

3 きゅうりとわかめをさっと混ぜ合わせ、**1**の豆腐にのせ、じゃこのミックス揚げをかけ、あさつきを散らす。

アレンジメニュー

point A
焦がさないように、色づいたら網じゃくしで取り出す。

point B
じゃこは水分がとんで全体がカリカリになるまで揚げる。

point C
じゃことナッツが完全に冷めてからごまやチーズを混ぜないと傷みが早い。

材料（作りやすい分量）
ちりめんじゃこ…50g
カシューナッツ…50g
揚げ油…適宜
塩…少々
赤とうがらし（小口切り）…½本
いり白ごま…大さじ2
粉チーズ…大さじ3

保存
密閉容器に入れ、
冷蔵で5〜6日間。

お弁当のヒント

ほうれんそうの変わりあえ物に

ほうれんそうは塩少々を入れた熱湯でさっとゆで、冷水にとる。水けをしっかり絞って3cm長さに切り、再びよく絞ってじゃこのミックス揚げ適宜を混ぜ合わせる。

なめみそ4種

［くるみ・ゆず・しょうが・木の芽］

材料（作りやすい分量）

——くるみみそ

くるみ（むいたもの）…100g

ⓐ
- みそ（白つぶ）…200g
- 酒…⅓カップ
- 砂糖…100g

——ゆずこしょうみそ

ゆずの皮…１個分

ⓑ
- 信州みそ…300g
- はちみつ…大さじ８

あらびき黒こしょう…少々

——肉しょうがみそ

豚肩ロース塊肉…200g

ごま油…大さじ１

ⓒ
- みそ（こしたもの）…200g
- しょうが（みじん切り）…大さじ２
- 赤唐辛子（小口切り）…１本
- 砂糖…大さじ５
- みりん…大さじ５

——木の芽ごまみそ

木の芽…5g（50 ～ 60 枚）

ⓓ
- 西京みそ…300g
- みりん…⅓カップ
- 練り白ごま…大さじ１

保存

冷めたら密封容器に入れ、冷蔵で３～４日間。冷凍で１か月間。

作り方

——くるみみそ

1 くるみはフライパンに入れて中火にかけ、少し焦げ目がつくまで焦がさないように混ぜながらいる。あら熱がとれたら薄切りにする（A）。

2 鍋にⓐを合わせ、混ぜながら中火にかける。煮立ったら弱火にし、水分をとばすように混ぜながら５～６分煮詰める。

3 鍋の底に木べらのあとがつくようになったら、くるみを加えてひと混ぜし、火を止める。

——ゆずこしょうみそ

1 ゆずの皮はせん切りにする。

2 鍋にⓑを合わせ、混ぜながら中火にかける。煮立ったら弱めの中火にし、水分をとばすように混ぜながら５～６分煮詰める。

3 鍋の底に木べらのあとがつくようになったら、黒こしょうとゆずの皮を加えて（B）ひと混ぜし、２～３分煮て火を止める。

——肉しょうがみそ

1 鍋に豚肉とかぶるくらいの水を入れ、火にかける。沸騰したらアクをとり、弱めの中火にして落としぶたをし、ときどき上下を変えながら30分ほどゆでる。そのまま冷まし、豚肉の表面に白くかたまった脂を除き、１cm角に切る。

2 フライパンにごま油を熱して豚肉を強火で炒め、ⓒを加えて（C）中火にし、混ぜながら煮る。煮立ったら弱火にし、混ぜながら約15分煮詰める。

——木の芽ごまみそ

1 すり鉢に木の芽を入れ、すりこ木でよくすりつぶす（D）。

2 鍋にⓓを合わせ、木べらで混ぜながら中火にかける。煮立ったら弱火にし、混ぜながら５～６分煮る。鍋の底に木べらのあとが残るようになったら火を止め、あら熱をとる。

3 **1**のすり鉢に**2**を入れてよく混ぜ合わせる。

point A

くるみが手でさわれるくらいに冷めたら、薄く切る。

point B

ゆずの皮とこしょうは香りを残すように、最後に加える。

point C

豚肉を炒めてよく油をなじませてから、みそやしょうがを加える。

point D

木の芽はよく水けをきってすり鉢に入れ、形がなくなるまでする。

昔ながらの素朴な味わいが
かえって新鮮です。
温かいご飯にはもちろん、
野菜やゆで肉などの
ソースやたれ代わりにもなる
重宝な常備菜です。

肉しょうがみそ

くるみみそ

木の芽ごまみそ

ゆずこしょうみそ

焼きおにぎり

くるみの食感がアクセントになって、香ばしさもひとしお

材料（2人分）

くるみみそ…適宜

ご飯…適宜

作り方

1 ご飯は三角形ににぎり、少しおいて表面が乾いたらグリルに入れ、焦げ目がつくまで両面焼き、取り出す。

2 **1** の両面にくるみみそを適宜ぬりつける。

さわらと帆立て貝柱のゆずみそ焼き

ゆずの香りとみその焼けた香ばしさが魅力

材料（2人分）

ゆずこしょうみそ…適宜

さわら…2切れ

帆立て貝柱…4切れ

作り方

1 さわらと貝柱はグリルで両面を約5分焼いて、表面を乾かす。

2 それぞれの表面にゆずみそをぬり、再びグリルに入れて約3分焼いてこんがり焼き色をつける。

アレンジメニュー

なめみそ

なめみそいり卵

お弁当のおかずに最適なちょっと濃いめの味つけで

材料（２人分）

肉しょうがみそ…50g

卵…３個

作り方

1 肉しょうがみそを鍋に入れて中火にかけ、混ぜながら温める。

2 卵をよくときほぐして**1**に回し入れ、手早く混ぜて好みのかたさのいり卵を作る。

里いものみそ田楽風

さわやかな木の芽の風味でおもてなしにも向く一品

材料（２人分）

木の芽ごまみそ…適宜

里いも…６個（400g）

木の芽…適宜

作り方

1 里いもは洗って皮つきのままラップに包み、電子レンジで約５分加熱して、中まで火を通す。あら熱がとれたら手で皮をむき、食べやすく一口大に切る。木の芽みそを加えてさっとあえる。

2 器に盛り、木の芽をのせる。

油揚げのいなり煮

材料（作りやすい分量）

油揚げ…12枚

- ⓐ だし汁…5カップ
- ⓐ 砂糖…大さじ8
- ⓐ しょうゆ…大さじ6

保存

冷めたら密閉容器に入れ、冷蔵で3日間。冷凍で2週間。

作り方

1 油揚げはすりこ木などをのせて転がし（**A**）、横半分に切って袋状に開く（**B**）。

2 鍋にたっぷりの熱湯を沸かして油揚げを入れ（**C**）、再び煮立ったらざるにとって水けをきる。

3 2の鍋を洗い、ⓐを合わせて強火にかけ、煮立ったら油揚げを折り曲げないようにして入れる。再び煮立ったら弱めの中火にして落としぶたをし（**D**）、さらに鍋のふたを少しずらしてのせ、1時間以上煮て火を止め、そのまま冷ます。

point A

油揚げにすりこ木をのせて前後に2〜3回転がしてから開くと、はがしやすい。

point B

半分に切った切り口から少しずつそっとはがしていく。

point C

油揚げを熱湯に入れ、余分な油を抜く。これで味の含みもよくなる。

point D

油揚げが浮かないように、また煮汁が表面にも回るように、落としぶたをして煮る。

ベーシックメニュー

いなりずし

材料（2人分）と作り方

1 酢大さじ3、塩小さじ$\frac{1}{2}$、砂糖大さじ1$\frac{1}{2}$を混ぜ合わせてすし酢を作る。

2 米1合をふつうに炊きあげてすし酢を回しかけ、いり白ごま少々を振ってよく混ぜ合わせ、8等分して俵形にまとめる。

3 いなり煮8切れを軽くにぎって汁けを絞り、**2**をそれぞれ詰める。好みで甘酢に漬けた新しょうがを添える。

ふっくらと甘辛く煮た油揚げです。
おなじみのいなりずしや
うどんにはもちろん、
卵とじやあえ物など、
毎日のおかずにも大活躍します。

きつねうどん

いなり煮があれば5分で完成するおなじみの一品

材料（4人分）

いなり煮…8切れ
ゆでうどん…4玉
ⓐ
- だし汁…6カップ
- 酒…大さじ2
- 薄口しょうゆ…大さじ2
- 塩…小さじ1

かまぼこの薄切り…4切れ
細ねぎ（小口切り）…適宜

作り方

1 いなり煮は斜めに2等分し、三角形に切る。

2 うどんは熱湯にくぐらせ、ざるに上げて湯をきる。

3 鍋にⓐとうどんを入れて強火にかけ、煮立ったら、器にうどんを盛って汁を注ぎかける。いなり煮とかまぼこをのせ、細ねぎを添える。

アレンジメニュー

油揚げのいなり煮

いなり煮のごまあえ

意外な組み合わせで油揚げのおいしさ再発見

材料（2人分）

いなり煮…4切れ
かぶ…2個(250g)
かぶの葉…100g
塩…小さじ1
ⓐ
- すり白ごま…大さじ4
- 砂糖…大さじ1
- しょうゆ…小さじ1

作り方

1 いなり煮は軽く汁けを絞り、切り口以外の3辺も切り開いて広げ、約1.5cm角に切る。

2 かぶは葉を切り落として皮をむき、縦半分に切って薄切りにする。葉は小口切りにする。ボウルに水1カップと塩をまぜ合わせ、かぶと葉を10分ほどつける。全体にしんなりしたら手でもんで、水けを絞る。

3 ボウルにⓐを混ぜ合わせ、**2**を加えてあえ、いなり煮も加えてよくまぜ合わせる。

いなり煮の卵とじ

年配の方にも喜ばれるやさしい口当たり

材料（2人分）

いなり煮…4切れ
長ねぎ…1本
わかめ（塩蔵）…10g
卵…3個
ⓐ
- だし汁…½カップ
- みりん…大さじ2
- しょうゆ…大さじ1

作り方

1 いなり煮は1～2cm幅に切る。ねぎは1cm幅の斜め切りにする。わかめは水洗いして塩抜きし、一口大に切る。

2 卵は割りほぐす。

3 フライパンに**1**とⓐを入れて強火にかけ、ひと混ぜする。よく煮立ったら卵を回し入れ、ふたをし、好みのかげんに火を通す。

牛肉のいなり巻きソテー

ジューシーないなり煮を巻いてふわふわの食感

材料（2人分）

いなり煮…4切れ
牛もも薄切り肉…4枚
塩・こしょう…各少々
小麦粉…少々
サラダ油…大さじ1
ⓐ
- 塩…小さじ¼
- 酒…大さじ2

作り方

1 牛肉は広げて塩、こしょうし、小麦粉を全体にまんべんなく振る。

2 いなり煮を軽く絞って細長くたたみ、広げた牛肉の手前にのせてしんにして巻く。巻き終わりを楊枝でとめて、小麦粉を茶こしに入れてまんべんなく振る。同様に4本巻く。

3 フライパンにサラダ油を熱し、**2**を入れて転がしながら中火で全体に焼き色をつける。ⓐを加え、肉を転がしながら味をからめ、汁けがなくなるまで煮詰める。

4 楊枝を抜いて斜め半分に切り、器に盛る。

おからのいり煮

滋味豊かな大豆の栄養をたっぷり含んだおから。その素朴な味を生かした定番の煮物です。おからの水分をとばしてから煮るのがコツ。

作り方

1 きくらげは水につけてもどし、かたい石づきを手でつまみとる。にんじんは薄いいちょう切りにする。ねぎは薄い小口切りにする。

2 フライパンにおからを入れ、よく混ぜながら中火でからいりし(A)、とり出す。

3 同じフライパンにサラダ油を熱し、鶏ひき肉を入れてほぐしながら中火で炒め、パラパラになるまで完全に火を通す。きくらげとにんじんを加えて炒め合わせ、全体がなじんだらⓐで調味する。

4 おからを3に戻し入れてだし汁を加え、中火のままときどき混ぜながら煮る。汁けがなくなってきたらねぎを加えてひと煮し、しんなりしたら火を止める。

point A

おからは絶えず混ぜながら焦がさないようにいって水けをとばす。

材料(作りやすい分量)

おから…200g
鶏ひき肉…100g
きくらげ…2g
にんじん…½本
長ねぎ…１本
サラダ油…大さじ½
ⓐ砂糖…大さじ５
　しょうゆ…大さじ３
だし汁…２カップ

保存
冷めたら密閉容器に入れ、
冷蔵で３～４日間。
冷凍で２週間。

盛りつけ

いり卵を加えてボリュームアップ

いり卵を作っておからのいり煮と混ぜ合わせ、色よくゆでて小さく斜めに刻んだ絹さやを加えて器に盛る。

常備菜
便利ノート

常備菜を作っていただいた４人の料理研究家のご自慢の万能だれと、それを使った料理をご紹介します。また、常備菜を作るときの調理のポイントや保存のテクニックなど、知っておくと毎日の常備菜作りが便利になります。

私の便利合わせ調味料

４人の料理研究家のみなさんが日ごろから愛用している、とっておきの合わせ調味料を教えていただきました。いずれもまとめ作りして常備しておける優れものです。

30年余り料理教室を主宰する石原洋子さんは、ベテラン主婦でもあり、毎日の家族の食事をおいしく手早く作る工夫を追求されてきました。料理の分野を問わない万能だれを教えていただきました。

甘みを抑えたたれなので、プラスする調味料しだいで、どんな料理にも使えます

——石原洋子さん

もともとごまの風味は大好きで、季節を問わず万能ごまだれを活用しています。夏なら酢を足して、棒棒鶏や冷やし中華のたれにしたり、はるさめサラダのドレッシングにします。冬はだし汁を足して、こんにゃくや里いもの田楽にのせたり、温野菜にかけたりします。それから、温やっこ、冷ややっこのどちらにも使いますが、薬味をたっぷりのせたところにごまだれをかけると、複雑な味わいになってとてもおいしいんです。

はじめは黒ごまで作っていたのですが、いろいろ試しているうちに、白ごまのほうが幅広く使えることが分かって、今は白ごまを使っています。

使うときは、料理に合った調味料を万能ごまだれにプラスします。万能ごまだれは調味料の割合を、練り白ごま２：しょうゆ２：砂糖１にして砂糖を控えめにしてあります。甘みを控えたほうが、和洋中のどんな料理にも使えて味の調節がしやすいと思います。それが万能という名前のゆえんですね。

万能ごまだれ

材料（作りやすい分量）

練り白ごま…大さじ８

しょうゆ…大さじ８

砂糖…大さじ４

作り方

ボウルに練りごまを入れ、しょうゆを少しずつ入れて溶きのばし、砂糖を加えてよく混ぜる。

保存

密閉瓶に入れ、冷蔵で２週間。

３つの調味料☆練りごまは無添加・無着色のもので、くせがなく、なめらかなものを。砂糖の分量が少ないのが応用範囲が広い秘訣。

だし汁で溶いて上品な味わい

蒸しなすのごまだれがけ

材料（2人分）

なす…4個

万能ごまだれ…大さじ2

だし汁…大さじ1

作り方

1 なすはへたを取り、耐熱容器に入れてラップをかけ、電子レンジで約3分30秒加熱する。あら熱をとって縦に8等分くらいに手で裂き、器に盛る。

2 万能ごまだれをだし汁でのばし、**1**にかける。

しゃきしゃき野菜をたっぷりと

牛しゃぶのごまだれがけ

材料（2人分）

牛しゃぶしゃぶ用肉…100g

きゅうり…½本

にんじん…⅓本

セロリ…¼本

万能ごまだれ…大さじ2

ⓐ 酢…大さじ1

ⓐ 塩…小さじ½

ⓐ 豆板醤…少々

作り方

1 ボウルに万能ごまだれを入れ、ⓐを順に少しずつ加えて溶きのばす。

2 鍋にたっぷりの湯を沸かし、牛肉を1枚ずつ泳がすようにして入れ、色が変わったら冷水にとって冷まし、ざるに上げる。

3 きゅうり、にんじん、セロリは8cm長さに切ってからピーラーでむくようにして薄切りにする。冷水につけてシャキッとさせ、水けをきる。

4 器に**2**の牛肉と**3**の野菜を盛り合わせ、**1**のたれをかける。

しょうゆをプラスして味わい深く

ごまだれうどん

材料（2人分）

うどん…2玉

細ねぎ（小口切り）…適宜

万能ごまだれ…大さじ4

ⓐ だし汁…大さじ6

ⓐ しょうゆ…大さじ2

ⓐ 砂糖…小さじ1

作り方

1 ボウルに万能ごまだれを入れ、ⓐを順に少しずつ加えて溶きのばす。

2 鍋にたっぷりの湯を沸騰させ、うどんを入れて表示時間通りにゆでる。ざるに上げて冷水で冷まし、水けをきって器に盛る。**1**のたれと細ねぎを添える。

梅干しの酸味とよく合う中華風の甘いみそをベースにしているところがミソです

——大庭英子さん

以前、豚肉とキャベツの中華風のみそ炒めを作るときに、甜面醬の味の濃さがちょっと私たち日本人にはしつこく感じるときがありました。そこで、なにかさっぱりと仕上げる工夫はないかしらと考え、甜面醬に梅干しを加えてみることを思いつき、できあがったのが、この「梅みそ」。豚肉の脂っこさがマイルドになって大成功でした。なすのみそ炒めや揚げ野菜のみそあえなど、ほかの炒め物やあえ物などにも使ってみると、いずれも甜面醬のコクと甘みに、梅干しの酸味が絶妙に調和して、みなさんの評判も上々でした。

日本のみそは塩けが強く、これに梅干しを合わせるとかなりの塩分になってしまいますが、甜面醬は塩けよりも甘みが強く感じられるので、梅干しが加わっても塩けのバランスは問題ありません。とはいえ健康を考えて、梅干しは塩分が控えめのものをおすすめします。

甜面醬は味が濃厚で少量ずつ使うため、使いかけで残してしまうことが多いという声をよく聞きます。ほかの料理にも利用できれば、むだも出さず、レパートリーも広がって一石二鳥です。ぜひお試しください。

大庭英子さんのお気に入りは、中華料理の北京ダックにつけるたれとして知られる甘みそ、甜面醬を使ったコクのあるみそだれです。大好きな梅干しと組み合わせてさっぱり仕上げるのがポイント。

梅みそ

材料（作りやすい分量）

梅干し…6～8個

甜面醬…100g

作り方

1 梅干しは種を取り除く。果肉を小さく刻み、さらに包丁でたたいてなめらかな梅肉にする。

2 ボウルに甜面醬と**1**を入れてまんべんなく混ぜ合わせる。

保存

密閉瓶に入れ、室温で1か月間。

甜面醬☆独特のコクと香りがある中国の甘みそ。中国北部の料理によく使われ、北京ダックをはじめ、回鍋肉（ホイコーロー）など炒め物や煮込みなどには欠かせない。

いつもの冷ややっこも新鮮な味わいに

豆腐の梅みそのせ

材料（２人分）

木綿豆腐…½丁（150g）
梅みそ…大さじ１
長ねぎ（みじん切り）…大さじ２
青じそ（せん切り）…３枚

作り方

豆腐は横半分に切って器に盛り、ねぎのみじん切りと梅みそを半量ずつのせ、青じそのせん切りを散らす。

梅の酸味が食欲をそそる

豚肉とキャベツの梅みそ炒め

材料（２人分）

豚バラ薄切り肉…100g
キャベツ…200g
長ねぎ…10cm
ピーマン…１個
サラダ油…大さじ１
酒…大さじ１
梅みそ…大さじ1½

作り方

1 豚肉は2cm幅に切る。キャベツは4cm角に切り、長ねぎは１cm幅の斜め切りにする。ピーマンは縦２つに切ってへたと種を取り、４～６等分に切る。

2 フライパンにサラダ油を熱し、キャベツ、長ねぎ、ピーマンを入れてさっと炒め、油がなじんだら取り出す。

3 **2**のフライパンに豚肉を入れてほぐすようにして炒め、肉の色が変わったら、酒を振り、野菜を戻し入れる。梅みそを加えて全体になじむようによく混ぜながら炒め合わせる。

ビールのおつまみにもよく合うさっぱり味

鶏ささ身の梅みそ焼き

材料（２人分）

鶏ささ身（筋なし）…４本
梅みそ…大さじ２
いり白ごま…少々

作り方

1 グリルを熱し、ささ身を並べ入れて３～４分ほど焼き、裏に返して２分ほど焼く。

2 表面にこんがり焼き色がついたら、それぞれに梅みそを薄くぬり、弱火にして２～３分焼いて取り出し、いりごまを振って器に盛る。

からだによい黒酢を、料理に使う工夫をして、たくさんとっています
——田口成子さん

田口成子さんのおすすめは、中国黒酢をベースにした「黒酢ソース」。田口さんは国内外を問わず、その土地の味を求めて旅をするのがお好きとのこと。そんな旅のなかで見つけた味をご紹介していただきました。

以前よく香港に行っていたのですが、食卓には黒酢や赤酢が置かれていて、香港の人たちは、つけだれのほかに、スープに加えたり、炒め物にかけたりして、いろいろなものに使っていました。中国黒酢はコクがあってまろやかな味わいをしているので、すっかり気に入ってしまいました。

ただかけるだけでは物足りなくなり、黒酢で万能調味料を作ろうと思って考えたのが、「黒酢ソース」です。なすやさやいんげんの炒め物や、豚肉やかじきまぐろをソテーするときにも使い、仕上げにかけて炒めます。また、さつま揚げ、えびだんごなどのつけだれとしても活躍します。

酢はからだによいので、たくさんとりたいと思っています。酢を飲める人はいいですが、そうでない人も多いので、料理に多く使う工夫をして、積極的にとるように心がけています。酢はものによって味わいが違うので、甘みの強い酢は砂糖を抑え、中国黒酢には砂糖を加えています。黒酢に興味があって買ってみたけれど、使いきれないでいる方は「黒酢ソース」を試してみてください。

黒酢ソース

材料（作りやすい分量）

黒酢…1カップ
しょうゆ…½カップ
酒…¼カップ
砂糖…大さじ5〜6
赤とうがらし…1本
にんにく(みじん切り)…1かけ
しょうが(みじん切り)…10g
サラダ油…大さじ½

作り方

1 赤とうがらしは種を除いて小口切りにする。

2 鍋にサラダ油を熱し、にんにく、しょうが、**1**の赤とうがらしを入れ、弱火にかけて香りを出す。そのほかの調味料をすべて加え、2〜3分弱火のまま煮る。酸味が好きな人は火にかける時間を短く、酸味が苦手な人は少し長く煮る。

保存
冷めたら密閉瓶に入れ、冷蔵で1か月間。

中国黒酢☆中国黒酢はもち米を原料にしたものが多く、熟成期間が長い。色は濃くまろやかな味わい。産地によって味わいはいろいろなので、試してみてお気に入りを見つけて。

仕上げにかけるだけだから簡単

豆腐ときゅうりの黒酢ソースかけ

材料（2人分）

木綿豆腐…½丁（150g）
きゅうり…½本
塩…少々
香菜…適宜
黒酢ソース…大さじ2

作り方

1 木綿豆腐は 1.5cm 幅に切って、器に盛る。

2 きゅうりは小口切りにして塩を振り、5～6分おいて水けを絞り、**1** の器にのせる。

3 香菜をのせ、食べる直前に黒酢ソースをかける。

くせのある野菜もソースで食べやすく

えびとセロリの黒酢炒め

材料（2人分）

えび（殻つき）…170g
塩…少々
セロリ…½本
にんじん…40g
黒酢ソース…大さじ2強
粒山椒…小さじ½
塩・こしょう…各少々
片栗粉…少々
サラダ油…大さじ1½

作り方

1 えびは塩水で洗い、尾の1節を残して殻をむき、背に浅く切り込みを入れて背わたを除く。

2 セロリの茎は筋を取ってせん切りにし、葉も細く刻む。にんじんは4～5cm長さのせん切りにする。

3 **1** のえびに塩、こしょうを少なめにふって、片栗粉を薄くつける。

4 フライパンに油大さじ1を熱して **3** のえびを炒め、色が変わったら取り出す。油をペーパータオルでふき、サラダ油大さじ½を足す。粒山椒と、**2** のセロリの茎とにんじんを加えてさっと炒める。黒酢ソースを加え、えびを戻して炒め合わせ、セロリの葉を加えてさっと炒める。

脂ののった豚をさっぱりと食べて

豚肉のソテー黒酢ソース

材料（2人分）

豚しょうが焼き用肉…4枚
塩・こしょう…各少々
小麦粉…適宜
黒酢ソース…大さじ2～3
サラダ油…大さじ1
レタス・パセリ…各適宜

作り方

1 豚肉は筋を切って、塩、こしょうをふり、小麦粉を薄くまぶす。

2 フライパンにサラダ油を熱し、**1** の豚肉をこんがりと焼く。黒酢ソースを回しかけてさっとからめる。器に盛って、レタスとパセリを添える。

麺好きのわが家には欠かせないつゆです。大急ぎで煮物、というときにも大活躍！

——夏梅美智子さん

夏梅美智子さんには、とっておきの手作りつゆ「元つゆ」をご紹介いただきました。「元つゆ」は和食全般に使え、市販品にはない自然なうまみが凝縮されています。活用範囲の広い「元つゆ」です。

この「元つゆ」を作るようになったのは、私がまだ料理研究家・故滝沢真里先生のアシスタントをさせていただいていたころ、滝沢先生のお母さまの清子先生に教えていただいたのが最初です。その後、調味料や削りがつおの割合をいろいろ試行錯誤して、自分なりのアレンジを繰り返しました。こうしたものはその家族の好みや健康の事情などでわが家流の味を作り出していくものだと思いますが、基本の割合をはじめに習ったことで、現在のこの味にたどり着いたのだと、いまでも感謝しています。

　わが家は全員が麺好きなので、「元つゆ」を切らすことはできません。さらに、忙しい日は煮物の煮汁に、すき焼きのわりしたに、冷ややっこや湯豆腐のたれに、おひたしにと、日々大活躍しています。

　近ごろは、仕事を持つ忙しい主婦やお母さんたちの多くが、市販の麺つゆに頼っていると聞きます。この「元つゆ」は、基本的には市販品と同じように使えるものです。添加物の心配もないし、なにより市販品特有のくせがなく、自然な味わいが楽しめるのが魅力です。作り方はとっても簡単で、冷蔵保存すれば2週間は日もちがします。家族の健康のためにも、ぜひ手作りをしてください。

元つゆ

材料（作りやすい分量）

昆布…10g（約10cm）
削りがつお…30g
酒…½カップ
みりん…½カップ
砂糖…大さじ2
しょうゆ…1カップ

作り方

1 昆布は表面の汚れをふき、1cm幅に切る。

2 鍋に酒とみりんを入れ、中火にかける。よく煮立ったら、鍋を傾けて鍋の中に炎を入れて火を止める。炎が消えるまで鍋を揺すってアルコール分をとばす。

3 2に砂糖、しょうゆを入れて再び中火にかける。煮立ったら、昆布と削りがつおを加えてさっと混ぜる。再び煮立ったら火を止めてそのまま約40分おいて冷ます。

4 ボウルを当てたざるにガーゼを二重にしてのせ、3を流し入れて濾し、ガーゼをとって絞る。

保存
冷めたら密閉瓶に入れ、冷蔵で2週間（夏場は5～6日間）。

和食の定番煮物の味も失敗なし

いかと里いもの煮物

材料（2人分）

いか…小2はい

里いも…600g

ⓐ
- 元つゆ…¼カップ
- 水…1¼カップ

しょうが（みじん切り）…少々

※元つゆ1に、水5の割合で薄める。

作り方

1 いかは足とともにワタを抜き、胴は1cm幅の輪切りにし、足は2本ずつ切る。

2 里いもは皮をむいてさっと水洗いし、ざるに上げる。

3 鍋にⓐを煮立たせ、いかを加えて再び煮立ったら取り出す。

4 **2**を**3**の鍋に入れて落としぶたをし、再び煮立ったら弱めの中火で15分煮る。**3**のいかを里いもの上にのせ、再び落としぶたをしてさらに10分煮る。器に盛ってしょうがを散らす。

ちょっと濃いめのつゆをかけて

冷やし七色うどん

材料（2人分）

山いも…100g

酢…少々

納豆…小1パック

おかひじき…100g

梅干し…小2個

ちりめんじゃこ…50g

イクラ…少々

焼きのり…適宜

乾うどん（細いもの）…200g

塩…少々

ⓐ
- 元つゆ…½カップ
- 水…1カップ

※元つゆ1に、水2の割合で薄める。

作り方

1 山いもは皮をむいて酢水につけてアクを抜き、水けをふいてスライサーでせん切りにする。納豆は包丁で細かく刻む。

2 おかひじきは塩を加えた熱湯で色よくゆで、氷水にとって冷まし、水けをきってざく切りにする。梅干しは種を除く。

3 ⓐは合わせておく。

4 うどんは袋の表示に従ってゆで、水にとって流水でよく洗い、水けをきる。

5 うどんを器に盛り、**1**、**2**、じゃこ、イクラを彩りよくのせ、焼きのりをちぎって散らす。**3**を好みでかけて食べる。

コクのある元つゆがぴったり

水菜とかにのおひたし

材料（2人分）

水菜…100g

かにの脚肉（ゆでたもの）…100g

塩…少々

元つゆ…適宜

作り方

1 水菜は塩を入れた熱湯でさっとゆで、氷水にとって冷ます。根元をそろえて持ち、水けを絞る。根元を切り落として、4cm長さに切る。

2 かにには軟骨を除き、長いものは長さを半分にする。

3 水菜とかにを器に盛り、食べる直前に元つゆを好みのかげんでかけて食べる。

保存の仕方と食べるときの注意点

常備菜は保存方法によって、味や日もちに差がでます。最後までおいしく食べるためには、ちょっとした注意が必要です。また、食べるときも日もちさせる工夫や、冷凍のものはおいしく解凍する工夫があるので、基本を知っておきましょう。

●冷蔵・冷凍保存のどちらの場合も

冷ましてから密閉できる保存容器に

常備菜を保存する容器は、汚れや水分が残っていると傷みやすくなるので、よく洗って水けをふき、清潔なものを使います。加熱した料理はしっかり冷ましてから保存容器などに移します。熱いうちに容器に入れてふたをすると、温かい蒸気が容器の中で冷めて水滴になり、料理が水っぽくなったり、傷みの原因になります。また、翌日に食べるものでも、季節によっては傷みやすいので、保存容器に移して冷蔵庫で保存することを基本としましょう。

空気を遮断して

食品は空気に触れると酸化して傷みやすくなり、冷凍する場合には、霜がついて味が落ちやすくなります。シールつき冷凍保存袋を使う場合は、できるだけ空気を押し出すようにしてファスナーを閉じます。ラップでいったん包むときはぴったり包み、空気を抜きながら保存袋に入れて冷凍しましょう。

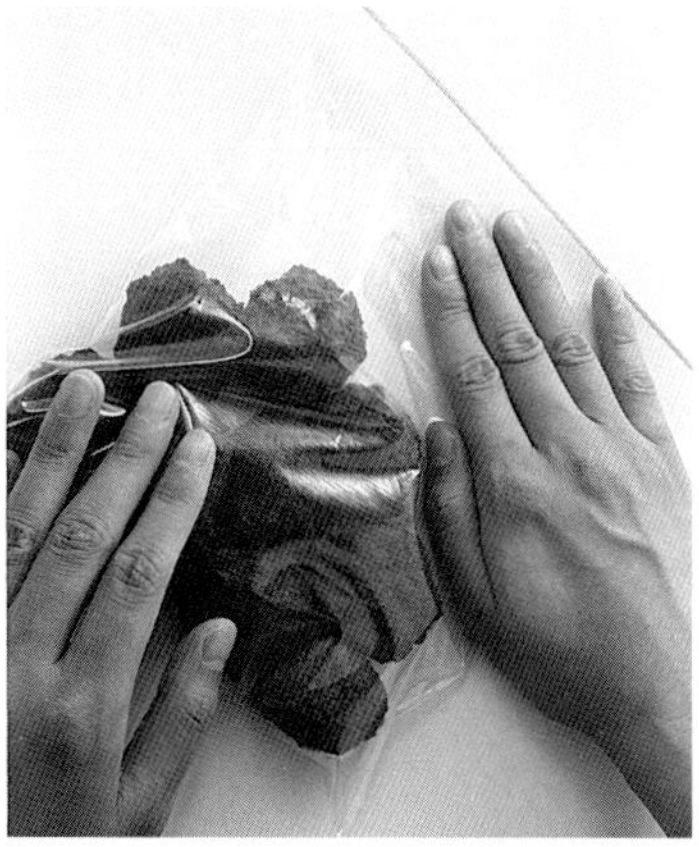

●冷凍保存の場合

短い時間で急速冷凍

食べ物の味を落とさずに冷凍保存するコツは、短い時間で急速に冷凍することです。そのためには凍らせる形をなるべく小さく、薄くします。さらにアルミトレーなどの金属製のトレーにのせると熱伝導率がよいので時間を短縮することができます。

冷凍保存は1か月以内をめどに

家庭で冷凍したものをおいしく食べるには1か月以内に食べきるようにします。そのためには日付を入れておくこと、また、凍ってしまうと白っぽくなって見分けがつかないことがありますから、料理名を書いておきましょう。

冷凍保存、こうすると便利

小分けにして冷凍を

できるだけ小さく冷凍することが基本ですが、さらに少量使いたいときのために、薄くのばした袋の上から菜箸などで押さえて区切りをつけておくと、折って取り出せます。全量を解凍してしまって、残りを再冷凍しないための一工夫です。

個別にしてバラで冷凍

肉だんごや鶏のから揚げなどは、金属製のトレーやバットにバラバラにして並べ、ラップをかけて冷凍し、完全に凍ったところで保存袋などに入れて冷凍庫に保存します。バラ凍結なので一塊にならず、必要な量だけ解凍できます。

汁、スープは製氷皿を使う

必要な量だけ使うための一手間です。製氷皿で冷凍し、凍ったキューブを保存袋や容器に移して保存します。製氷皿にもよりますが、キューブ１個でだいたい大さじ１の分量になります。

食べるときは……

煮物は再び火を通して

煮物など、そのまま２～３日食べる常備菜は、安心して食べられるように、食べる直前に火を通します。容器から煮汁ごと鍋に移し、煮汁が少ないときは水を少し足して煮直します。このとき、必ず沸騰させ、その後さらに１～２分間煮ることがたいせつです。電子レンジを使う方法もありますが、その場合はただ単に温めるのではなく、煮汁が沸騰するまで加熱するようにしましょう。加熱の途中で混ぜるとむらなく火が通ります。

食べるときは容器から取り分けて

常備菜を毎日の食卓に出すときは、きちんと取り分けましょう。料理を取り分けるときに使う箸やスプーンは、清潔な乾いたものを使います。容器からアレンジメニューを作るために取り分けるときも同じです。また、いったん食卓に出して箸をつけた料理は、できるだけその日のうちに食べきるようにしましょう。または、別の容器に入れて翌日には食べましょう。

解凍は温度差に注意を

煮物や炒め物の常備菜を解凍するときは冷蔵庫に移してゆっくり解凍してから加熱する方法がよいのですが、時間がないときは凍ったまま電子レンジで解凍することになります。このとき食品の内部と表面、真ん中と端などで温度のむらが生じ、また、汁と具でも差が出ます。上手に温めるには途中でかき混ぜて解凍具合に差が出ないようにしましょう。

揚げ物の解凍

とりのから揚げや天ぷらなどの揚げ物の解凍は、耐熱皿にペーパータオルを敷き、その上にのせてラップをしないで電子レンジにかけます。取り出したら、しばらくそのままおいて蒸気をとばすとカラッと仕上がります。時間をかけすぎるとかたくなるので、様子をみながら加熱しましょう。

保存容器いろいろ

最近スーパーやデパートの保存容器コーナーは、たいへん充実しています。使い勝手もよい新しいデザインが豊富です。料理や保存の方法に合わせて選びましょう。

耐熱ガラス容器

冷凍にも冷蔵にも使えて、そのまま電子レンジで加熱したり、解凍もできます。中身がよく見えて保存状態を確認できるのも利点。比較的高価ですが、耐久性があるので長く使えます。広口瓶の形状のものは液体の保存に重宝。食品の出し入れがしやすく、洗うときは底まで手が届きます。

ふた付きの陶器

梅干しやつくだ煮などを入れておくのに、昔から使われています。常温で保存でき、そのまま食卓に出す常備菜向き。ただし、昔に比べて常備菜の塩分も少なく、冷暖房が完備して気密性が高い最近のキッチンでは傷みやすいので、冷蔵庫に保存したほうがよいでしょう。食卓では必ず取り箸やスプーンなどを添えます。

ステンレス容器

多少高価ですが、汚れにくく、耐久性があります。パッキング、留め具つきのタイプは密閉性に優れていますので、臭いの強いものや油分の多いものなどの保存に適しています。ステンレス製のふたには中身のメモをつけておくとよいでしょう。冷凍、冷蔵ともに使えますが、冷凍保存したものを容器ごと電子レンジで解凍することはできないので注意を。

シール容器

軽くて扱いやすく密閉性も高いのですが、汚れが残りやすいのが欠点。価格、品質はさまざま。安価なものでも冷蔵庫内の整理整頓には重宝します。冷凍、冷蔵ともに使えます。電子レンジに使用できないものがありますが、耐熱温度140℃以上であれば使用できます。

ホウロウ容器

少し高価ですが、長く清潔に使うことができて丈夫。新しいデザインも豊富です。特に油分、塩分、酸の強いものの保存にはおすすめです。傷がついてしまうと、中の金属が溶け出してしまうので注意しましょう。冷凍、冷蔵どちらにも使えますが、冷凍保存したものを容器ごと電子レンジで解凍するときには使えません。

簡易型保存容器、保存袋

最近よく見かける簡易型プラスチック製保存容器。簡易型といっても従来のシール容器より密閉性が高く、丈夫なものもあります。ご飯１ぜん分から２ℓ以上入るものまでサイズは豊富。シールつきの保存袋は、液体も入れられます。安価なので、油分の強いものなどの保存のときに使い捨てにしても。

常備菜の調理のポイント

常備菜を日もちさせるには、保存のときのテクニックもたいせつですが、調理中にも気をつけると、傷みにくく長もちさせやすくなります。

下ごしらえのときに

●水分を抜く●

材料の中に多く水分が残っていると傷みやすくなります。野菜や魚などは塩を振って水分を引き出したり、魚は脱水シートに挟むなどして余分な水分を抜き取ります。塩を振ってからの時間や脱水シートに挟んでからの時間を守ってきちんと水分を抜きましょう。

●塩を振る●

塩を振るのは余分な水分を引き出すだけでなく、防腐の作用もあります。魚介は味つけをかねている場合もあるので、塩かげんに気をつけながら振りましょう。

●酢をかける●

魚介の場合は材料に酢をかけて洗い、殺菌をすることがあります。酢が全体に行き渡るようにしましょう。また、しめさばなどの酢じめのものは、酢をたっぷり使って傷みにくくするとともに味つけにもなります。

風味づけと調味のときに

●香味野菜と香辛料を活用●

しょうがや長ねぎなどの香味野菜は、肉や魚介の臭み消しや香りづけになるだけでなく、防腐の作用もあります。またハーブや香辛料なども同様の働きがあるので常備菜作りには欠かせません。少し多めに使ってもだいじょうぶです。

●濃いめの味つけに●

しょうゆやみそなど塩分を多く含むものや、砂糖などの甘い調味料は料理を日もちさせるのに一役買います。常備菜は傷みにくくするため、ふだんのおかずよりもやや濃いめの味つけにします。薄味に調整する場合は早めに食べきるようにしましょう。

加熱中に

●水分をとばす●

水分が残っていると傷みやすいので、炒めているときにしっかり水分をとばします。焦げないように火かげんをして弱火で時間をかけて混ぜながら炒めます。

●汁けを煮詰める●

煮汁を煮詰めるようにすると、濃いめの味つけになるので日もちしやすくなります。水分をとばすときと同様に、焦げないように火かげんを見て混ぜながら煮詰めます。

●充分に揚げる●

野菜は水分が多いので、じっくり揚げて水分を抜くようにします。揚げているときに細かい泡が出てこなくなれば水分が抜けて中まで揚がっています。肉や魚介なども表面がカリッとするまでしっかり揚げると日もちがよくなります。

五十音順 料理名索引

アートディレクション――白水靖子
デザイン――干場麻代（アクシャルデザイン）
表紙撮影――鈴木正美（家の光協会）
表紙スタイリング――綾部恵美子
撮影――鈴木正美、津田雅人（家の光協会）
スタイリング――綾部恵美子、久保原恵理、渡辺孝子
撮影協力――野田琺瑯株式会社
校正――兼子信子
編集協力――植松啓子、大嶋悦子、早川徳美

忙しい人のお助けアレンジレシピ！
おかずからお弁当まで

常備菜クッキングBOOK

2005年2月1日　第1版発行

著　者　大庭英子・石原洋子・田口成子・夏梅美智子
発行者　山本昌之
発行所　社団法人　家の光協会
〒162-8448　東京都新宿区市谷船河原町11
電話　03-5261-2301（販売）
03-3266-9028（編集）
振替　00150-1-4724
印刷・製本　共同印刷株式会社

ISBN4-259-56086-7 C0077

大庭英子（おおば・えいこ）
毎日の食卓に役立つ家庭料理を得意とし、なかでも身近な野菜を巧みに使ったおかずのレパートリーは幅広い。和・洋・中のジャンルを問わず、手早く作れ、しかも健康面にも配慮した数々のレシピは、年代を問わず人気を呼んでいる。著書は『しあわせ豆料理』（家の光協会）など。

石原洋子（いしはら・ひろこ）
東京・東久留米市の「自由学園」で学び、幼少期から料理に興味をもつ。和・洋・中のそれぞれの著名な料理研究家に師事した後、自宅で料理教室を30年あまり主宰する。著書は『食べたい分だけ　ちょこっと漬け物』（家の光協会）、『みんなの定番&きほんの料理』（新星出版社）など。

田口成子（たぐち・せいこ）
料理学校の講師を経て、料理研究家に。基本のしっかりした料理には定評があり、とくに魚料理と野菜料理は秀逸。また、イタリアに1年間滞在してマンマの味を学ぶ。現在は、雑誌、講演会などで活躍。地方の講演会では地元のものを食する体験も大切にしている。著書は『特選ウメ干し・ウメ料理223』（家の光協会）など。

夏梅美智子（なつうめ・みちこ）
和・洋・中はもちろん、タイ、ベトナム、韓国など、アジア各国の料理にも造詣が深く、メニューのバリエーションは豊富。こうした料理を中心に、身近な食材を使って食卓を豊かにするためのアイデアを雑誌などで提案している。著書も数多く、離乳食、沖縄料理など多岐にわたる。著書は『野菜たっぷり料理』（西東社）など。